ORESTE,

o u

LES COËPHORES,

TRAGÉDIE D'ESCHYLE.

FAUTES A CORRIGER.

PAGE 16, ligne 18, *verbi*, lifez, *urbi*.
P. 17, not. lig. 2, *mettre*, lif. *marquer*.
P. 33, not. lig. 1, (*b*) lif. (*a*).
—*ibid.* not. l. 7, (*a*), lif. (*b*).

ORESTE,

OU

LES COËPHORES,

TRAGÉDIE D'ESCHYLE.

TRADUCTION NOUVELLE,

AVEC DES NOTES.

Cum Sophocles vel optimè fcripferit Electram,
tamen mala converfam Attilii mihi legendam putem.
Cicero de Finibus, lib. 1, num. 5.

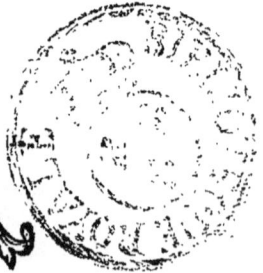

A PARIS,

Chez DESAINT, Libraire, rue du Foin
Saint-Jacques.

M. CCC. LXX.

AVEC APPROBATION.

A MONSIEUR
DE FONCEMAGNE,

L'un des quarante de l'Académie Françoise, & de l'Académie Royale des Belles - Lettres.

PERMETTEZ, MONSIEUR,

que je vous consacre le premier fruit de mes études. Je ne prétends pas annoncer que vous l'avez jugé digne de votre approbation : mais je cherche à prévenir le Public en ma faveur ; en lui apprenant que vous m'honorez de votre amitié.

Je suis , MONSIEUR , avec la plus tendre reconnoissance & le plus respectueux attachement ,

Votre très-humble & très-obéissant
serviteur,

DU THEIL.

AVERTISSEMENT.

AVERTISSEMENT.

Je présente au Public un essai du travail que j'entrepris, il y a quatre ans, sur le plus ancien Poëte dramatique dont les ouvrages soient venus jusqu'à nous. Dès le milieu de l'année dernière, j'avois fini la Traduction des sept Tragédies qui nous restent d'Eschyle. J'y avois joint des notes assez étendues, soit pour éclaircir le texte ; soit pour rendre compte des raisons qui m'avoient déterminé à choisir entre les diverses explications dont il est susceptible, un sens plutôt qu'un autre ; soit enfin pour discuter divers points de Mythologie, d'Histoire, de Géographie & de Chronologie, qui me paroissoient propres à en faciliter l'intelligence.

J'aurois pu dès le mois de Juillet livrer mon ouvrage à l'impression : le desir de le rendre plus digne d'être offert au Public, me fit prendre le parti de revoir

a

de nouveau la traduction & les notes. Pendant que je m'occupois de cette révifion , j'appris que j'avois été prévenu , & qu'on alloit voir inceffamment paroître un Efchyle françois. Pour furcroît d'infortune , on nommoit le Traducteur : fon nom depuis longtemps célèbre dans la littérature , par des écrits de différens genres qui prouvent l'étendue de fes connoiffances & la variété de fes talens , me fit fentir ce que j'aurois à craindre fi je hafardois d'entrer en concurrence.

Cependant quelques amis , touchés de ce qui m'arrivoit , & prévoyant que je perdrois le fruit d'un long travail , fi j'attendois pour le publier qu'on pût me foupçonner d'avoir profité de celui d'autrui, me confeilloient d'en courir le rifque. C'étoit bien affez , me difoient-ils , qu'on m'eût enlevé l'avantage dont je m'étois flatté , de donner le premier une verfion françoife du plus difficile des Auteurs

Grecs, avantage qui auroit pu difpofer
les lecteurs à me traiter avec indulgence.
Au lieu de céder à cet avis, dont je voyois
le danger, je réfolus de tout fufpen-
dre, jufqu'à ce que j'euffe été à portée de
juger par moi-même fi je pouvois, fans
témérité, me montrer à la fuite de celui qui m'avoit devancé; bien convaincu
d'ailleurs que je ne le fuivrois que de
loin.

Sa Traduction, que les Libraires avoient
annoncée pour la fin de l'année précédente, ne paroît que depuis peu de mois.
Il ne m'en coûtera rien pour avouer que
je l'ai lue avec autant de plaifir que d'em-
preffement : elle répond parfaitement à
la réputation de l'Auteur ; on y retrouve
cette pureté de diction, cette élégance
de ftyle, qui caractérifent fes autres ouvrages. J'efpère néanmoins que le Public
& lui-même voudront bien me pardon-
ner, fi j'ai ofé croire qu'après fa Traduction, la mienne pourroit avoir encore

quelque mérite pour un certain ordre de gens de lettres. Voici les réflexions qui m'ont infpiré cette confiance.

En traduifant Efchyle, j'ai penfé qu'on pouvoit le confidérer fous trois différents afpects, dont chacun intéreffe une claffe différente de lecteurs.

Efchyle eft le plus ancien des Poëtes Tragiques : créateur de fon art, s'il n'en a pas atteint la perfection, il a montré la route qui y conduit. Ceux qui cultivent ou qui aiment le genre dramatique, l'envifageront principalement de ce côté-là ; ils y chercheront l'origine de l'art, pour fe préparer le plaifir d'en fuivre les progrès & de les apprécier.

Efchyle eft de tous les Poëtes, le plus énergique, le plus élevé dans fes idées, le plus hardi dans fes métaphores, le plus ferré dans fes expreffions : c'eft le côté que faifiront, & les Poëtes en général, & ceux pour qui le langage de la poëfie a des charmes.

Efchyle eft fans contredit, de tous les Auteurs Grecs, le plus difficile à entendre : fon texte obfcur par lui-même, & peut-être altéré par l'injure des temps, ou par l'ignorance des copiftes ; fon ftyle figuré ; l'emploi fréquent de mots qui lui font propres, & qu'on ne trouve point ailleurs ; la liberté qu'il fe donne de changer l'acception commune des mots ufités ; font de la lecture de fes pièces, un travail pénible & fatigant, malgré les efforts de plufieurs Commentateurs habiles, qui n'ont pû jufqu'ici l'éclaircir fuffifamment : une traduction fidèle, accompagnée de notes qui applaniroient les difficultés, auroit droit aux fuffrages des favans & des amateurs de la langue grecque.

C'eft à ces deux derniers points de vue, [qui paroiffent n'avoir pas été l'objet principal du premier Traducteur] que je me fuis uniquement arrêté.

Efchyle étoit déja connu comme Auteur

dramatique, par les extraits du Père Brumoi, extraits raifonnés; ou plutôt ana-
lyfes exactes de chaque pièce, dans lefquelles cet excellent littérateur a fu rapprocher, comme dans un tableau, les
diverfes parties qui conftituent la Tragédie ancienne, expofition, intrigue,
dialogue, chœur, nœud, dénouement,
enfin tout l'enfemble & l'appareil du
fpectacle.

Mais nous ne connoiffions encore ni
la maniere ni le coloris d'Efchyle : nous
ne le connoiffions pas comme Pöete. Une
Traduction exacte jufqu'au fcrupule, me
fembloit être le feul moyen de donner
une idée du génie, & fur-tout du ftyle
de l'Auteur ; ftyle fingulier, quelquefois
fublime, qu'on ne fauroit comparer qu'à
celui de Pindare, qui, contemporain d'E-
fchyle, a pu être fon imitateur ou fon
modèle. J'ai compris qu'on n'y réuffi-
roit pas, fi dans la vue de plaire au
commun des lecteurs, & pour s'ac-

vans fur divers paffages de ce Poëte ; tels font entre autres les Commentaires de Cafaubon fur Théophrafte , fur Strabon & fur Athénée , & ceux de Spanheïm , tant fur les Hymnes de Callimaque que fur trois Comédies d'Ariftophane. Quel dommage qu'une mort prématurée nous ait privés de l'édition d'Efchyle que le docte Cafaubon préparoit ! Ses remarques fur *l'Agamemnon* que l'on conferve à la Bibliotheque du Roi (*) , & que M. Capperonnier a eu la complaifance de me communiquer , font bien propres à augmenter nos regrets.

J'avois efpéré tirer de nouveaux fecours d'un ample Commentaire fur Efchyle , qu'un favant Anglois a publié depuis quelques années , & que je crois n'avoir pas été connu du premier Tra-

---

(*) M. l'Abbé Sallier , dans un Mémoire lu à l'Académie des Belles - Lettres , avoit promis d'en faire part au Public. Je ne crois pas qu'il ait exécuté ce projet.

ducteur , non plus que les Remarques
de Cafaubon fur *l'Agamemnon.* J'ai
admiré fouvent la pénétration & la fa-
gacité du Critique Anglois ; mais j'ai
eu lieu de craindre qu'il n'eût pouffé
trop loin la liberté de corriger le texte :
la plupart de fes conjectures m'ont paru
plus ingénieufes que folides ; & je n'ai
adopté que très-rarement les corrections
qu'il propofe ; bien perfuadé que le feul
mérite des explications que je préfente
quelquefois , d'après mes propres réflexions , fera d'exiger moins de changement dans le texte, que celles des autres
Interprètes.

Aidé de ces différens moyens , j'ai
tâché de faifir le fens de chaque phrafe :
J'ai mis enfuite toute mon application
à le rendre avec la plus fcrupuleufe fidé-
lité. Epithètes , métaphores , figures de
toute efpece , images , comparaifons , j'ai
tout exprimé ; fans être effrayé du ridicule qu'on attache quelquefois au petit

mérite de l'exactitude. Je ne me suis point
diffimulé que c'étoit le feul auquel je
duffe afpirer ; & depuis que la nouvelle
Traduction d'Efchyle a paru, je fens beaucoup mieux encore l'avantage de m'être
renfermé dans cette fphère étroite. Le
premier Traducteur (puifqu'il ne fe nom-
me pas, je refpecterai l'*incognito* qu'il veut
garder) feroit forti de la fienne, s'il avoit
voulu s'affujettir fervilement au ton & à
la marche du Poëte Grec. Exercé depuis
longtemps dans l'art d'écrire , qu'il a fu
appliquer à prefque tous les genres de
Littérature , & particulièrement aux genres agréables ; il en eût trop coûté à la dé-
licateffe de fon goût , pour ne pas effayer
de rapprocher Efchyle de celui de notre na-
tion & de notre fiècle : il étoit d'ailleurs
bien sûr de trouver des reffources dans
fon génie , pour remplacer par d'heureux
équivalens , les traits qu'il croyoit devoir
adoucir ou fupprimer.

Du plan que j'ai fuivi , il réfulte

que la premiere traduction & la mienne doivent fe reffembler peu. Elles diffèrent en effet tellement, du moins en certains endroits, qu'on pourroit quelquefois s'imaginer qu'elles ont été faites fur deux différens originaux.

La Tragédie que je donne aujourd'hui fous le nom d'*Orefte*, quoiqu'intitulée par Efchyle les *Coëphores*, eft peut-être celle où la différence dont je parle fera le moins fenfible ; & ç'a été pour moi un motif de la choifir par préférence. Elle m'expofera moins qu'une autre au foupçon que j'aie eu deffein de critiquer un Ecrivain que je refpecte. Les amateurs de la Langue Grecque, qui prendront la peine de conférer les deux traductions fur l'original, s'appercevront aifément que ce n'eft pas dans cet efprit que j'ai joint des notes à la mienne. Ils verront que dans tous les endroits où le texte peut être entendu diverfement, & où le fens que le premier Traducteur adopte, peut

n'être pas contraire à celui que le Poëte
doit avoir voulu exprimer, je me con-
tente d'expofer & d'appuyer mes conjectures, fans combattre fon interprétation, qui peut, après tout, être mieux
fondée. Ils verront que je ne prends la
liberté de le citer, que dans les cas
où il me paroît s'être un peu éloigné
de l'unique fens dont le texte foit fufcep-
tible ; & peut-être remarqueront-ils,
que loin de relever avec affectation tous
les paffages de cette efpece, je ne me
fuis guères arrêté qu'à un petit nombre de
ceux où la fuite des idées du Poëte &
du raifonnement me paroiffoit interrom-
pue.

Un fecond motif m'a déterminé. J'ai jugé
que de toutes les pièces d'Efchyle, les *Coë-*
phores étoit celle qui devoit être reçue le
plus favorablement ; foit parce qu'elle fe
rapproche plus que les autres du point où
nous voyons la Tragédie moderne ; foit parce que n'exigeant point, comme les autres,

de notes Philologiques ; la lecture en sera moins fatigante.

Si d'après cet échantillon , le Public approuve le plan & la maniere dont il est exécuté , je hasarderai de faire paroître les six autres Tragédies , avec les notes que j'avois préparées. Elles seront précédées d'une vie du Poëte , plus étendue que celle qu'a donnée le premier Traducteur, & d'une Préface dans laquelle j'essaierai de justifier mon admiration pour le Pere de la Tragédie. On pourra décider alors si les jugemens qui viennent d'être prononcés dans un écrit périodique (*) sur chacune de ses pièces, sont aussi justes qu'ils me paroissent rigoureux.

Le sort de mon ouvrage dépend du jugement que l'on portera de cet essai. Je le condamnerai sans effort à l'oubli, si on le regarde comme superflu. Il me restera du moins la satisfaction d'avoir

---

(*) Mercure du mois de Juin 1770, p. 132 & suiv.

donné un témoignage de mon goût pour un genre de Littérature , en faveur duquel, il eft peut-être néceffaire que de temps en temps on voie s'élever des réclamations , contre la pareffe qui le néglige , & contre l'ignorance qui cherche à le déprimer.

APPROBATION.

J'ai lu, par ordre de Monseigneur le Chancelier, un manuscrit intitulé, *Les Coëphores, Tragédie d'Eschyle*, traduite en françois avec des notes. Cette traduction m'a paru très-propre à faire desirer celle des autres Tragédies de ce Poëte. A Paris, le 2 Juillet 1770.

BEJOT.

ORESTE,

ORESTE,

O U

LES COËPHORES,

TRAGÉDIE D'ESCHYLE.

A

PERSONNAGES.

ORESTE.

PYLADE, fils de Strophius, ami d'Oreste.

ELECTRE, sœur d'Oreste.

CLYTEMNESTRE.

EGISTHE.

GYLISSE, nourrice d'Oreste.

UN ESCLAVE, efpece de portier chargé de répondre aux Etrangers.

LE CHŒUR : il eft compofé de jeunes filles efclaves ; vraifemblablement des captives Troyennes.

La Scene eft à Argos.

SUJET
DE LA PIECE.

QUELQUE temps après la mort d'Agamemnon, Oreste obéissant à l'oracle d'A-
pollon qu'il avoit consulté dans le temple
de Delphes, revient dans sa patrie pour
venger l'assassinat de son pere. En arrivant
près d'Argos, il apperçoit le tombeau
d'Agamemnon, & voit des esclaves qui y
apportent des libations funebres. Clytemnestre qu'un songe effrayant avoit éveillée
pendant la nuit, les envoyoit pour appaiser
les manes irrités de son époux. Electre, sœur
d'Oreste, étoit avec ces esclaves. Elle reconnoît son frere, & l'instruit de toutes les
circonstances de la mort d'Agamemnon,
dont il n'avoit pas été témoin, ayant passé
sa jeunesse dans la Phocide chez Strophius. Ils prennent ensemble leurs mesures
pour donner la mort à Egisthe & à Clytem-

neftre. Orefte pénètre dans le palais en fe donnant pour un voyageur Phocéen , chargé d'annoncer aux parens d'Orefte la mort de ce jeune prince. Egifthe n'y étoit point alors ; Clytemneftre l'envoie chercher pour lui apprendre cette nouvelle. Il arrive , & reçoit en entrant le coup mortel. Clytemneftre accourt au bruit. Orefte la faifit ; elle tâche en vain de fe juftifier & de l'attendrir ; elle meurt par la main de fon fils. Mais à peine Orefte a-t-il commis ce parricide , que les furies s'emparent de lui. Forcé de s'éloigner d'Argos , il fuit & va fe réfugier dans le temple de Delphes.

Sophocle & Euripide , chez les Grecs, ont traité tous deux ce fujet fous le nom d'Electre. Parmi les François , Longepierre & Crébillon l'ont traité fous le même nom , & M. de Voltaire fous celui d'Orefte.

ORESTE,

O U

LES COËPHORES,

TRAGÉDIE D'ÉSCHYLE.

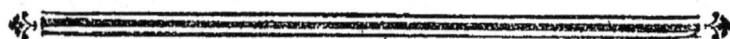

ACTE PREMIER.

¶ *Le Théâtre qui ne change point pendant toute la pièce, doit repréſenter d'un côté le tombeau d'Agamemnon ; de l'autre le palais d'Egiſthe & de Clytemneſtre, où l'on doit diſtinguer pluſieurs portes différentes.*

SCENE PREMIERE.

ORESTE ET PYLADE.

ORESTE.

O Toi, que ton pere a commis à la garde des morts, Mercure ſoûterrein (*a*),

(*a*) Le premier vers de cette Tragédie préſente un ſens amphibologique. Il peut ſignifier : *Mercure*

A iij

fois mon protecteur & mon appui : après un long exil je reviens enfin dans ma patrie ; & toi, mon pere, du fond de ce tombeau, entends ma voix, écoute mes vœux. Regarde ces cheveux que je coupe pour la seconde fois (*a*) ; Inachus pour prix

soûterrein, qui avez soin de l'empire de mon pere, il peut signifier : *Mercure soûterrein, qui avez soin de cet empire* [soûterrein, ou des morts] *par l'ordre de vôtre pere.* La premiere interprétation paroît plus naturelle ; mais j'avois préféré celle que donne Eschyle lui-même, du moins selon qu'Aristophane le fait parler, & selon que l'explique le Scholiaste d'Aristophane au vers 1157 de la Comédie des Grenouilles ; & je l'avois préférée pour deux raisons : d'abord, parce que le suffrage de ce Scholiaste est d'un grand poids dans une occasion comme celle-là, où Aristophane discute la signification amphibologique du vers d'Eschyle : ensuite, parce que je n'ai lu nulle part que le royaume d'Argos fût sous la protection spéciale de Mercure : de plus, il me semble que l'épithète de *Soûterrein* donné à Mercure, car χθόνιε signifie plutôt *soûterein* que *terrestre*, décide la question.

(*a*) *Regarde ces cheveux, &c.* Les Grecs laissoient croître leurs cheveux, & ne les coupoient que dans deux occasions. La premiere, lorsqu'ils entroient dans l'âge véritable de la jeunesse, au sortir de l'adolescence. Alors ils coupoient leur chevelure, & la consacroient à la Divinité à laquelle leurs parens avoient voué cette offrande, en les mettant sous sa protection pendant leur premier âge. Quoiqu'il y ait des Auteurs [*Scholiast. de Ni-*

de la nourriture qu'il me donna dans mon enfance, jadis en reçut les prémices ; c'est à toi que je consacre ceux-ci ;

cand. au v. 417. des Alexipharm.] qui prétendent que les parens faisoient l'offrande de ces cheveux, dès le moment même que l'enfant avoit acquis assez de force pour se soutenir & marcher seul ; il paroît constant néanmoins par les témoignages réunis d'Homere, de Pindare, de Pollux & d'Eustathe, qu'elle ne se faisoit qu'au temps que je viens de dire. Ces mêmes Auteurs nous apprennent que c'étoit ordinairement aux fleuves de leur pays qu'ils la consacroient ; parce qu'ils regardoient la salubrité de l'eau comme le fondement de la bonne nourriture, & le principe de la bonté du tempérament. La seconde occasion, c'étoit aux funérailles des personnes qu'ils chérissoient le plus. C'est ainsi qu'Achille le fait aux funérailles de Patrocle. Homere, dans cet endroit de l'Iliade, nous donne à la fois la preuve de ces deux usages. C'est au Livre XXIII, v. 135.

> On les voyoit [*les amis de Patrocle*] suivant les
> antiques usages
> Honorer ce héros par de pieux hommages,
> Et coupant leurs cheveux, pour signaler le deuil,
> De ce gages sacrés couvrir tout le cercueil.
> . . . .
> Mais Achille . . . .
> . . . . s'écrie ;
> O Sperchius, ô toi, que mon pere éploré
> Pour le retour d'Achille avoit tant imploré ;
> Quand par des vœux ardents appuyant sa demande
> Des cheveux de son fils il te promit l'offrande ;
> . . . .

A iv

ils font l'offrande de la douleur. Mais que
vois-je ? Quelles font ces femmes affem-
blées, vêtues d'habits lugubres (*a*) ? que
dois-je penfer ? quelque nouveau malheur
vient - il d'affliger ce palais ; ou puis-je
croire qu'elles apportent des libations
pour appaifer les manes de mon pere ?
Oui, fans doute..... Ah ! c'eft Electre,
c'eft ma fœur, je la reconnois à fa profonde triftefle (*b*). O Jupiter ! accorde-
moi de venger la mort de mon pere;

Vainement fon amour implora ta puiffance,
Je ne reverrai plus les lieux de ma naiffance ;
Et je vais, démentant les fermens paternels,
Confacrer cette offrande au plus cher des mortels.

Traduct. de M. de Rochefort , l. 23, v. 153.

Je crois qu'on me fçaura gré d'avoir fubftitué
cette belle traduction à celle de Madame Dacier,
que j'avois d'abord employée dans cette note, pré-
parée long-temps avant la publication des derniers
livres de la nouvelle Iliade.

(*a*) Premier Traducteur. *Où vont ces femmes vêtues de noir ?* Les mots des vers 8 & 9, τίς ποθ' ἥδ'
ὁμήγυρις στείχει, &c. ne peuvent pas fignifier, ce
me femble, *où va cette troupe ?* mais, *quelle eft
cette troupe qui vient ?* En effet, Orefte voyoit bien
où elles alloient, mais il ne fçavoit pas ce qu'elles
étoient.

(*b*) Premier Traducteur : *Elle pleure.* Cela eft
plus court, mais ne rend pas, ce me femble, les
mots des vers 15 & 16, πένθει λυγρῷ πρέπουσαν, re-

Prête-moi ton secours...... Eloignons-
nous , Pylade , & tâchons d'apprendre
avec certitude à qui ces femmes vont
adresser leurs prieres.

SCENE II.

LE CHŒUR, ÉLECTRE.

LE CHŒUR.

¶ *J'avertis ici une fois pour toutes que le
Chœur parle indifféremment tantôt au
singulier , tantôt au pluriel.*]

Envoyée (*a*) par les maîtres de ce
palais, j'apporte des libations. Je frappe

marquable par sa tristesse profonde. C'est dans le
même sens que M. de Voltaire a dit :

> . . . . . . Aux douleurs qui la pressent
> Aux pleurs qu'elle répand. . . . . . .
> Ah ! c'est Electre. . . . .
> > *Oreste , act. 3. sc. 2.*

Ainsi que Crébillon :

> Ah ! je vous reconnois à de si tendres plaintes ,
> Malheureuse princesse , est-ce vous que je vois ?
> Electre , en quel état vous offrez-vous à moi ?
> > *Elect. act. 3 , sc. 2.*

(*a*) Il ne faut pas s'étonner si le Chœur , com-

ma poitrine à coups redoublés (*a*). Le
sang ruiffelle, fur mes joues que mes on-
gles ont récemment fillonnées (*b*). Mon
cœur fe nourrit fans ceffe de foupirs :
dans l'excès de mes maux , au comble de
la douleur , j'ai déchiré mes vêtements ,
& les voiles dont mon fein étoit couvert.

Une voix (*c*) terrible , capable de faire

---

pofé de Troyennes captives , fait paroître une
douleur fi vive de la mort d'Agamemnon. C'étoit
la coutume chez les Grecs , que les efclaves euffent tout l'extérieur de la plus vive douleur , en
accompagnant les funérailles de leurs maîtres.
C'étoit une partie effentielle de leurs devoirs. Il
eft rapporté dans l'hiftoire [*Paufan. Meffen. c. 14.*]
qu'après la prife & la ruine de Meffène , les La-
cédémoniens affranchirent les Mefféniens captifs
de toutes les autres peines de l'efclavage ; mais
qu'ils les contraignirent de venir aux funérailles des
rois & des éphores avec des vêtemens de deuil.

(*a*) Le premier Traducteur a omis les mots du
vers 21. ὀξύχειρι σὺν κόπτῳ. *Frequenti manuum collifu.*
Je m'étois attaché à les rendre littéralement ,
parce qu'il me femble qu'ils ajoûtent un trait de
plus à la douleur de ces femmes , & qu'ils indi-
quent un ufage. Dans les cérémonies funebres , on
fe frappoit à grands coups le vifage & la poitrine.

(*b*) Premier Traducteur : *Mes joues enfanglantées.*
Ma traduction qui eft littérale , ne donnoit-elle
pas plus exactement l'idée du ftyle qu'Efchyle
emploie en cet endroit ? Ονυχος ἀλοκι νεοτόμῳ.

(*c*) Peut être que ceux qui examineront le texte
trouveront que je m'étois un peu moins éloigné de la

hériffer d'horreur les cheveux , s'eft fait
entendre au fond de ce palais ; elle a tonné
dans l'appartement des femmes ; fes éclats
épouvantables ont troublé le filence de la
nuit ; elle s'eft expliquée dans un fonge
prophétique qui annonce la vengeance ;
& les interprêtes ont déclaré de la part
des Dieux , que des entrailles de la terre
les morts en courroux s'élevoient contre
leurs affaffins.

O terre , ô terre (*a*) , c'eft pour détourner ces menaces , qu'une époufe ,
[oferai-je prononcer ce nom (*b*)] qu'une
époufe impie t'envoie cette offrande ,
offrande trop inutile ; eh ! de quel prix
pourroit-elle racheter le fang qu'elle a

force d'Efchyle en cet endroit que le premier Traducteur : comme il n'y a pas un feul des mots que
le Poëte emploie ici qui ne faffe image , il n'y en
a pas un que je ne me fuffe efforcé de rendre , au
rifque d'être moins concis.

(*a*) Premier Traducteur : *Malheureufe contrée !*
J'avois penfé que l'interjection du vers 42. ιὼ γαῖα,
γαῖα , étoit adreffée à la terre prife pour une Divinité , à laquelle on offroit des facrifices , & en
l'honneur de laquelle on verfoit des libations dans
ces facrifices faits pour appaifer les manes.

(*b*) Premier Traducteur : *Une femme que je n'ofe
nommer.* J'avois cru que les mots du vers 54. ἔπος
τόδε , ne pouvoient fignifier que *ce mot* [d'époufe],
& non pas *le nom* [de Clytemneftre].

verſé. O malheureux foyers !... O ruine d'une augufte famille (*a*) ! Le ſoleil ne luit plus pour elle , & d'odieuſes tenebres l'ont enveloppée depuis la mort de mon maître.

Un peuple entier a déja oublié l'invincible roi , dont il reſpecta long-temps le pouvoir & la majeſté. Chacun céde à la crainte. Etre heureux, c'eſt être un Dieu, & plus qu'un Dieu pour les mortels. Mais la juſtice viſite bientôt les coupables. Elle les frappe ſoit au grand jour, ſoit un peu plus tard à la lueur du crépuſcule, ſoit dans l'obſcurité de la nuit (*b*).

(*a*) Le premier Traducteur a omis le vers 48 , ιώ κατασκαφαί δόμων !

(*b*) *Mais la juſtice viſite bientôt les coupables ,* &c. J'ai été obligé de paraphraſer un peu cet endroit, qui eſt ſinguliérement obſcur. Il faudroit des pages entieres pour diſcuter les ſens différens que lui ont donnés les Interprêtes. Ils ne ſont pas entiérement éloignés du mien , & peuvent tous ſe défendre. Il n'y a que celui du P. Brumoi , (que je vois pourtant adopté par le premier Traducteur) qui m'avoit paru faire dire au Poëte préciſément le contraire de ce qu'il doit avoir voulu dire. Voici comment il a traduit : *Que la juſtice eſt inégale dans ſes châtimens ! Elle fond tout-à-coup ſur les uns , elle pourſuit lentement les autres , & quelques-uns ſe dérobent à ſes regards à la faveur d'une nuit ſombre.* Il y a d'abord une infidélité impardonnable ; car il n'eſt pas poſſible que le P. Brumoi ait pu trouver ce ſens : *Que la*

Le fang dont cette terre fut arrofée, a
fait germer la mort vengereffe. Rien ne

juftice eft inégale dans fes châtimens ! dans le v. 59
ροπὴ δ' ἐπισκοπεῖ δίκας ταχεῖα, qui fignifie mot à
mot : *Mais le poids*, ou *la balance de la juftice
vifite avec célérité :* tout ce qu'on peut dire pour fon
excufe, c'eft qu'il a ajouté ce membre de phrafe
pour lier le raifonnement. Mais voyons quel eft
ce raifonnement, d'après ce qui précede & ce qui
fuit. Si le Poëte après avoir dit : *Etre heureux, c'eft
être un Dieu, & plus qu'un Dieu pour les mortels,*
ajoûte : *Mais la juftice vifite bientôt les coupables,*
(car on ne peut contefter ce fens du vers 59,)
*les uns promptement, les autres plus lentement ; quel-
ques-uns fe dérobent à fes regards à la faveur de la
nuit ;* il me femble qu'il aura fait un raifonnement
abfurde, fans principe & fans conféquence, &
que la phrafe ne préfentera aucun fens moral, ni
fuivi : d'autant qu'il dit tout de fuite : *Et le fang
dont cette terre fut arrofée, a fait germer la mort
vengereffe ;* il ne faut pas négliger la conjonction
&, qui eft dans le texte : δ' αἷμά τ' ἐκποθὲν : elle
m'avoit paru contribuer beaucoup à démontrer que
le P. Brumoy avoit fait un contre-fens en traduifant,
*quelques-uns fe dérobent à fes regards à la faveur
d'une nuit fombre.* Je croyois au contraire, que le
Poëte ayant dit : *Etre heureux, c'eft être un Dieu, &
plus qu'un Dieu pour les mortels ;* s'il difoit enfuite :
*mais la juftice ne tarde pas à punir, foit dans le
milieu du jour, foit vers le foir, foit dans la nuit,
& le fang dont cette terre fut arrofée, a fait germer
la mort :* je croyois, dis-je, qu'alors il auroit fait
un raifonnement très-bien lié, & que fa phrafe

peut l'empêcher d'éclore. Le crime devient pour celui qui l'a commis, la source des maux les plus cruels (*a*). Quelquefois le coupable eft puni dans l'obfcurité de la nuit ; mais il n'eft point de grace pour le profanateur du lit con-jugal (*b*). Et tous les fleuves de l'univers

auroit un fens très-moral & très-fuivi. Voilà ce qui m'avoit déterminé à préfenter ce fens dans ma traduction, qui me fembloit avoir l'avantage d'être plus littérale & même plus concife contre mon ordinaire.

(*a*) J'ai cru trouver quelque reffemblance entre cet endroit & ces vers-ci de M. de Voltaire.

> La parole des Dieux n'eft point vaine & trompeufe ;
> Leurs deffeins font couverts d'une nuit ténébreufe.
> La peine fuit le crime, elle arrive à pas lents.

Oreft. aft. 1. *fc.* 2.

Elle eft encore plus frappante entre les mots mêmes du texte grec, & ces vers-ci de Malherbe :

> Et de brutales perfidies,
> Feront naître des maladies
> Qui n'auront jamais guérifon.

Ode fur la Régence.

(*b*) J'avois toujours cru que le Scholiafte s'é-toit trompé, lorfqu'il avoit entendu les mots du vers 69. οἴγοντι δ' ἔτι νυμφικῶν ἐδωλίων ἄκος, de ceux qui outragent la pudeur des vierges. Il me paroif-foit bien plus fimple d'entendre les mots, νυμφικῶν ἐδωλίων, du lit conjugal, *fponfalium locorum*, *fpon-*

se réuniroient en vain pour laver un odieux parricide (*a*).

Pour moi, que les Dieux ont enveloppée dans la ruine de ma patrie, qu'ils ont arrachée de la maison paternelle, & réduite en esclavage ; il faut que je paroisse approuver les injustices d'un maître impérieux & puissant ; il faut que je commande à ma douleur. Mais je gémis en secret sur le triste destin de mon roi, & je dévore mes soupirs & mes larmes (*b*).

salium thalamorum : cela se rapportoit tout naturellement à Egisthe. J'avoue que la traduction de Racine, *La fleur de la virginité ne se rend pas*, adoptée par le premier Traducteur, & qui est plutôt celle du Scholiaste que d'Eschyle même, ne me fait point changer de sentiment, malgré mon respect pour cet homme divin, qui n'a peut-être point prétendu rendre exactement Eschyle dans le moment qu'il écrivoit sa note.

(*a*) Au vers 72, à la place d' ἰσσαν ἄτην, qui ne forme aucun sens, je lis ἰασ' ἂν μάτην, qui en donne un fort simple & fort beau.

(*b*) Les maîtres chez les Grecs commandoient despotiquement à leurs esclaves : de-là vient que Ménandre dans une Comédie [*Menand. apud Stob. tit. 60*, *pag. 384*, *lin. 40.*] faisoit dire à un esclave : *Mon maître est tout pour moi ; il est ma patrie, mon asyle, ma loi, mon arbitre pour décider du juste & de l'injuste, & c'est pour lui seul que je dois vivre.* Langage que les Poëtes comiques [*A- ristoph. Plut. v. 5. Philém. apud Stob. dict. loc.*] ont mis souvent dans la bouche des esclaves. Il étoit même permis dans les principes du droit public de les regarder comme des machines vivantes & animées. [*Arift. de Republ. lib. 1, c. 4, pag. 299, édit. 1629.*] Au reste, je crois que les vers 73, 74, 5, 6, 7 & 8, que les Interprêtes ont beaucoup de peine à expliquer, n'auroient plus guere de difficultés si l'on consent à placer autrement la parenthese, & à lire le mot γὰϱ, du vers 73, de façon qu'il y ait :

Ἐμοὶ δ' ἀνάγκαν γ' ἀϱ' ἀμφίπτολιν

Θεοὶ προσήνεγκαν, (ἐκ γὰϱ οἴκων

Πατρῴων δ'ἄλιον ἐσᾶγον αἶσαν)

Δίκαια ϰ μὴ δίκαια

Πρέπον τ' ἀρχαῖς ϐἰϰ,

Βίᾳ φερομένων, ἀινέσαι, ϖικρὸν φρενῶν

Στύγος ϰρατᾶση.

mot à mot en Latin : *Mihi verò neceffitatem verbi communem dii intulerunt, (etenim è domo paternâ fervilem induxerunt fortem) jufta & injufta convenientia Dominis vitæ (meæ, fubaud.) vi agentibus (fubaud. illis) approbare, acerbum mentis odium coërcenti.* Ces quatre derniers mots se rapportent au premier : *Mihi.* La correction de γὰϱ au premier de ces vers en γ' ἀϱ', & le changement du lieu de la parenthese m'ont été suggérés par le Commentateur Anglois ; mais je n'ai adopté aucun des autres changements qu'il propose de faire au texte : & il me semble que mon interprétation est naturelle. Que les mots ἀρχαῖς ϐἰϰ, puiffent fignifier : *Mes maîtres, Dominis vitæ meæ ;* l'on en trouve la preuve au vers 1111 de la Tragédie d'Ion d'Euripide.

ACTE

ACTE II.

SCENE PREMIERE.

ELECTRE, LE CHŒUR.

ELECTRE.

ESCLAVES fidèles, puisque vous m'accompagnez dans ce triste devoir, aidez-moi de vos conseils. Lorsque je répandrai ces libations funebres sur le tombeau, quels souhaits puis-je former, quels vœux puis-je adresser à mon pere (a) ? Lui dirai-je que j'apporte ces présens de la part de ma mere, de la part d'une épouse

(a) Premier Traducteur : *Pourrai-je adresser des vœux à mon pere ?* J'avois cru devoir mettre deux choses différentes, puisque le texte au vers 84 distingue πῶς ἐυφρον ἐίπω, de πῶς κατεύξωμαι πατρί; les premiers mots sont assez difficiles à rendre avec précision, mais je croyois les avoir rendus par ceux-ci : *Quels souhaits puis-je former ?* D'ailleurs, j'avois cru que πῶς devoit être rendu non par : *quî, comment, est-il possible ?* mais par : *quonam modo, quelle espece de souhaits.*

B

chérie à l'époux qu'elle chériſſoit ? Non,
je ne l'oſerai jamais , & je ne ſais quels
mots proférer (a) , en arroſant la tombe
de mon pere. Le prierai-je d'envoyer ,
ainſi qu'il eſt juſte , à ceux qui lui font
ces dons , la digne récompenſe de leurs
forfaits ? Ou bien , puiſque mon pere a
péri par un crime , dois-je répandre en
ſilence cette liqueur ſacrée , & comme
dans les ſacrifices expiatoires , jetter au
loin derriere moi ce vaſe , en fuyant ſans
détourner les yeux ? Cheres amies , c'eſt
à vous de me conſeiller ; car, ſans doute ,
vous partagez la haine qui m'anime. Ou-
vrez-moi votre cœur , n'écoutez point la
crainte : hélas ! maîtres , eſclaves , la
mort nous attend également. Si vous
avez un meilleur avis à me propoſer ,
parlez (b).

LE CHŒUR.

Vous l'ordonnez , je m'expliquerai ſans

(a) Ces mots, qui ſont la traduction littérale des
vers 89 & 90 , que le premier Traducteur a omis,
ne prouvent-ils pas la juſteſſe de la remarque précédente ?

(b) Nous différons beaucoup ici le premier Traducteur & moi. Je ne croyois pas néanmoins que
le vers 103 , λέγοις ἂν ἔι τι τῶνδ' ἔχοις ὑπέρτερον , pût
ſignifier autre choſe que ce que j'ai dit. En latin,
eloquere ſi quid habes hiſce melius.

détour ; j'en attefte ce tombeau , qui eft
auffi facré pour moi qu'un autel (*a*).

ELECTRE.

Parlez, puifque le refpect pour le tombeau de mon pere va dicter vos paroles (*b*).

LE CHŒUR.

En arrofant fa tombe , faites des vœux pour ceux qui le chériffoient.

ELECTRE.

Et de quels amis pourrai-je prononcer le nom ?

LE CHŒUR.

Prononcez le vôtre , celui de quiconque abhorre Egifthe.

(*a*) On reconnoît la même penfée dans ces vers françois ,

> Que ces tombeaux fervent d'autels ;
> Ils font plus facrés pour ma haine,
> Que les temples des Immortels.
>> *La Bruére , Trag. lyr. de Dardanus.*

(*b*) Premier Traducteur : *Quels vœux , quels refpects peuvent lui plaire ?* J'avois toujours imaginé que le vers 106 , λέγοις ἂν ὥσπερ ἡδ'έσω τάφον πατρός, devoit être rendu en latin par : *Loquere igitur, quandoquidem reverita es fepulcrum patris.* Et le mot ἡδ'ήσω , répété d'après αἰδ'ᵘμένη du vers précédent, me femble encore déterminer ce fens.

ÉLECTRE.

N'y aura-t-il donc que vous & moi?

LE CHŒUR.

C'eſt à vous-même d'y penſer, c'eſt à vous de le dire *(a)*.

ÉLECTRE.

Eh! quel autre encore pourrois-je nous aſſocier *(b)* ?

LE CHŒUR.

Ah! ſongez à Oreſte, tout éloigné qu'il eſt.

(a) Premier Traducteur : *Et qui mieux que vous doit connoître vos amis ?* Le texte dit mot à mot : *Vous-même examinant cela, dites-le.*

(b) Premier Traducteur : *N'eſt-il perſonne que je doive leur aſſocier ?* Je ne ſais ſi ma traduction, que je crois inconteſtablement plus littérale, n'avoit pas encore deux autres avantages : Le premier, de ne pas donner lieu, comme celle du premier Traducteur, à une eſpece de contradiction. Car il ſemble qu'Electre ne doive pas chercher à aſſocier perſonne à ſes amis en général; & qu'Oreſte lui-même, ſoit qu'elle y penſe ou non, eſt compris parmi ces amis, pris en général. Au lieu qu'en diſant comme j'avois fait, *Quel autre encore puis-je* nous *aſſocier ?* ce *nous*, qui ſemble rendre aſſez bien les mots τῇδε στάσει, *huicce factioni*, n'eſt point pris pour les amis en général, & permet de demander quel autre on peut aſſocier. En ſecond lieu, il me paroît qu'elle préparoit mieux la réponſe du Chœur, & la repartie ſuivante d'Electre.

ELECTRE.

Oui, vous éclairez mon cœur (*a*).

LE CHŒUR.

Rappellez enfuite la mort d'un pere ;
demandez pour fes affaffins....

ELECTRE.

Et quoi ? tirez-moi d'embarras.

LE CHŒUR.

Demandez que le ciel envoie quelque
Dieu, ou quelque mortel....

ELECTRE.

Un juge, ou un vengeur ?

LE CHŒUR.

Achevez fans crainte (*b*) ..... pour
donner la mort à des meurtriers.

ELECTRE.

Eft-ce à moi qu'il eft permis de le demander aux Dieux ?

(*a*) Cette repartie d'Electre, que je crois avoir
rendue auffi littéralement qu'il eft poffible, femble
avoir été imitée par M. de Voltaire, lorfque Pammène, qui fait à-peu-près l'office que fait ici le
Chœur, dit à Electre :

Efpérez fon retour (*d'Orefte*) efpérez dans les Dieux.

& qu'Electre répond :

Sage & prudent vieillard, oui vous m'ouvrez les yeux.

Orefte, act. 1. *fc.* 2.

(*b*) Le premier Traducteur a omis cela.

B iij

Le Chœur.

Sans doute ; ne peut-on pas rendre maux pour maux à ſes ennemis (a) ?

Electre.

Mercure ſoûterrain , fais-moi connoître que mes vœux ſont agréés des Divinités infernales qui regnent où mon pere habite , & de la Terre elle-même qui voit toutes choſes naître , croître & rentrer dans ſon ſein. En répandant ces libations funebres , mon pere , je t'appelle ; jette un regard de pitié ſur moi & ſur ton cher Oreſte ; fais-nous rentrer dans ton palais. Maintenant nous ſommes errans , trahis par celle dont nous tenons le jour. Elle a donné ton lit à Egiſthe ; Egiſthe ton perfide aſſaſſin. Je ſuis eſclave ; Oreſte , indigent & fugitif ; tandis que les coupables , dans le ſein des plaiſirs , jouiſſent inſolemment du fruit de tes travaux. Fais qu'Oreſte revienne & triomphe en ces lieux (b). Entends ma voix , o mon pere ! accorde-moi d'être plus vertueuſe que ma mere , & de conſerver des mains

(a) Je croyois que ces façons de parler antithétiques , *la mort à des meurtriers* , *maux pour maux à ſes ennemis* , faiſoient mieux connoître que d'autres plus élégantes , les expreſſions favorites d'Eſchyle , ὅϛις ἀνταποκτεινεῖ , ἀνταμείβεσθαι κακοῖς.

(b) Ne diroit-on pas que M. de Voltaire a

plus pures. Tels font mes vœux pour tes enfans. Quant à tes ennemis , parois à leurs yeux armé de la vengeance. Viens leur donner la mort , comme ils te l'ont donnée. Voilà les fatales imprécations que je mêle à mes prieres ; mais fois nous favorable , & que les Dieux , la Terre & la Juftice vengereffe fe joignent à toi. Avec mes vœux reçois ces libations.

[*En difant ces mots , elle arrofe le tombeau ; elle fe tourne enfuite vers le Chœur.*]

Vous , fuivez l'ufage , faites entendre vos gémiffemens , chantez l'hymne funebre.

LE CHŒUR.

(*a*) Verfons , verfons un torrent de

voulu imiter cet endroit d'Efchyle , lorfqu'il fait dire par Iphife :

Ma fœur (*Electre*) eft dans les fers , & l'oppreffeur en
paix ,
Indignement heureux , jouit de fes forfaits.

Et plus bas , par Electre :

Mon frere exilé de déferts en déferts.

Plus haut par Pammène :

. . . , . Leurs mains vengereffes (*des Dieux*)
Doivent conduire Orefte en cet affreux féjour.
Oreft. act. 1. *fc.* 2.

(*a*) Pour la premiere partie de cette ftrophe ,

B iv

larmes pour un maître trop malheureux. Que fa tombe en foit arrofée ; qu'elles fe mêlent à ces libations ; qu'elles fervent avec elles à détourner nos maux , pour en accabler nos ennemis. Du fein des ténèbres , o mon maître , o mon roi , écoutez-nous. Hélas ! hélas ! qui fera votre vengeur ? qui fauvera vos enfans ? C'eft au Dieu des Scythes , à Mars , de lancer lui-même ces traits déchirans , ces traits imprévus , qui portent par-tout une mort inévitable.

E L E C T R E.

C'en eft fait , mon pere a reçu les libations. Divin meffager de l'Olympe & des Enfers (a).....

[*En difant ces mots , elle apperçoit les*

qui eft finguliérement obfcure , j'ai adopté l'interprétation du Scholiafte. Pour la feconde , je me fuis permis de changer la ponctuation. Le point interrogatif qui fe voit dans le texte à la fin de la ftrophe , je l'ai mis après le vers 157 , τίς δ᾿αρυσθενὴς ἀνὴρ , ἀναλυτὴρ δόμων ; le refte , je le lis comme une réponfe que fe fait le Chœur. *Qui fera* , dit-il , *le fauveur de ta maifon ? ce fera Mars ,* &c. Je prends le mot Σκύθης pour une épithete , qui convient affez bien à Mars.

(a) Premier Traducteur : *Mercure !* J'avois cru devoir défigner Mercure par la même périphrafe que le texte , elle ne me fembloit pas inutile dans cette occafion.

cheveux qu'Oreste avoit mis sur le tombeau, elle accourt aussi-tôt vers le Chœur.]

Cheres amies, partagez ma surprise.

LE CHŒUR.

Parlez ; mon cœur palpite de crainte.

ELECTRE.

J'ai trouvé sur la tombe cette boucle de cheveux.

LE CHŒUR.

Ces cheveux de qui font-ils, de quel homme, ou de quelle femme ?

ELECTRE.

Il est bien aisé de le conjecturer (*a*).

LE CHŒUR.

Et comment ? quoique plus jeune, c'est à vous de me l'apprendre (*b*).

(*a*) Premier Traducteur : *C'est ce qu'il est facile d'éclaircir.* J'avois cru que le mot δοξασαι du vers 168, ne pouvoit signifier que *conjecturer.* Je ne sais si en réfléchissant, l'on ne trouvera pas qu'il ne doit signifier non plus que *conjecturer.* Car il semble que dans aucun cas il n'étoit facile *d'éclaircir* de qui venoient ces cheveux ; & même Electre, après avoir dit toutes les raisons qui lui font *conjecturer* qu'ils viennent de son frere, dira bientôt qu'il n'y a que les Dieux qui puissent l'*éclaircir* dans ses doutes.

(*b*) J'ai suivi la ponctuation proposée par Henri

ELECTRE.

Nul autre que moi, ce femble, n'auroit pu faire cette offrande à mon pere.

LE CHŒUR.

Sans doute ; ceux qui l'euffent pu faire furent trop fes ennemis (*a*).

Etienne, qui met un point interrogatif après les deux mots πῶς ἂν ? du vers 169. & j'avois cru devoir rendre, avec une exactitude fcrupuleufe, cette façon de parler, *Quoique plus jeune, c'eft à vous de me l'apprendre*, que le premier Traducteur n'a pas voulu exprimer mot à mot. Efchyle s'en fert plus d'une fois, & je croyois que c'étoit un trait des mœurs, qui faifoit voir à quel point le refpect dû aux plus vieux, par les plus jeunes, étoit imprimé dans l'efprit des Anciens ; puifqu'il falloit, pour ainfi dire, le confentement d'un efclave, s'il étoit plus vieux, pour donner à une perfonne plus jeune la liberté de lui faire une leçon, même indirecte.

(*a*) Premier Traducteur : *Ah ! Princeffe, ces marques de deuil ne conviennent qu'à vos ennemis.* Je ne fais fi en comparant le texte, la fuite & la liaifon du dialogue, l'on ne trouvera pas que ma verfion avoit le double avantage d'être plus littérale, & de faire faire aux interlocuteurs un raifonnement plus facile à fuivre. Le texte dit mot à mot, vers 171, *Sont ennemis en effet ceux à qui il convient de faire offrande de cheveux.* ἐχθροὶ γὰρ οἷς πρέπ̄με πενθῆσαι τριχί. Mais quand il dit, *il convient*, c'eft pour dire, *il appartient*. Et c'eft dans ce fens que Sophocle met le même mot dans la

E L E C T R E.

Ces cheveux d'ailleurs font tout-à-fait
femblables.....

L E C H œ U R.

Aux cheveux de qui ? Je brûle de l'apprendre.

E L E C T R E.

Aux miens ; ils femblent être les mêmes.

bouche de Chryfothèmis aux vers 915 & fuivans
de fon Electre, où elle fait le même raifonnement que font ici le Chœur & Electre, en difant
mot à mot : *A quel autre en effet que vous & moi
appartient-il* [car ici il ne peut pas y avoir de
doute que le mot πρσσήκει, que Sophocle emploie
ne fignifie *appartient-il*, & non pas *convient - il*]
*de faire cette offrande ? Ce n'eft point moi qui l'ai
faite ; j'en fuis certaine. Ce n'eft point vous* [Electre]
*non plus ; eh ! grands Dieux, comment l'auriez-
vous pu faire, vous, à qui il en couteroit bien des larmes, fi vous ofiez fortir de ce palais? Certainement
ma mere n'eft point femme à faire un pareil préfent ;
donc c'eft Orefte*, &c. Sur quoi le Scholiafte de Sophocle dit : *Le poëte met avec jufteffe ce raifonnement dans la bouche de Chryfothèmis, parce qu'il
n'y a qu'à ceux qui font liés par une alliance très-
étroite, qu'il appartient de faire de telles offrandes.*
La note feule de Stanley auroit fuffi pour me
mettre fur la voie de ce fens, que je crois le véritable ; mais je n'avois eu befoin que de traduire
littéralement.

LE CHŒUR.

Ne feroit-ce point un préfent qu'Orefte auroit fait en fecret ?

ELECTRE.

Il eft bien vraifemblable que ces cheveux viennent de lui (*a*).

LE CHŒUR.

Mais comment aura-t-il ofé paroître en ces lieux ?

(*a*) Premier Traducteur : *Ils reffemblent parfaitement aux fiens.* Je ne fais fi ma verfion n'avoit pas encore ici le double avantage d'une plus grande exactitude , & d'un raifonnement plus clair. Le texte dit mot à mot , vers 176 : *Il* [ce don] *reffemble beaucoup à des cheveux de lui.* μάλιστ' ἐκείνȣ Ϭοστρύχοις προσέιδεται. Ce que nous ditions en langage vulgaire : *Cela a bien l'air d'être de fes cheveux.* Je ne vois pas trop comment Electre reconnoîtroit ces cheveux coupés pour être ceux d'Orefte, parce qu'ils reffembleroient à ceux de ce frere qu'elle n'a point vu depuis fon enfance : au lieu qu'en difant d'abord , qu'il n'y a que fon frere qui ait pu faire une pareille offrande , & tirant un fecond indice de ce que ces cheveux font femblables aux fiens à elle-même [parce qu'il eft plus naturel que ce foit fon frere qui ait des cheveux femblables aux fiens , que toute autre perfonne étrangere] de tout cela , elle pourroit conclure très-naturellement que ce don *a l'air d'être des cheveux d'Orefte.*

ELECTRE.

C'eſt l'offrande de ſes cheveux qu'il envoie à ſon pere.

LE CHŒUR.

Hélas ! nouveau ſujet de larmes, ſi elle
annonce qu'il ne reverra plus ſa patrie.

ELECTRE.

Ah ! mon cœur eſt pénétré de douleur ;
je ſuis déchirée d'un trait cruel. En regar-
dant ces cheveux, mes yeux ſont inon-
dés des larmes les plus ameres. Car enfin, à qui des Argiens peuvent-ils appar-
tenir ? Ce ne peut-être à celle qui donna
la mort à ſon époux, ma mere, dont la
ſacrilege averſion pour ſes enfans dément
un nom ſi tendre (a). Mais comment
m'aſſurer qu'ils ſont un don (b) d'Oreſte,

(a) Premier Traducteur : *Elle qui malgré les
Dieux.....ſes enfans n'en doivent pas dire davantage.* Je vois par ce ſens qu'il a adopté l'interprétation latine du mot ἐπώνυμον, au vers 188, que
Stanley a laiſſé traduit par ces mots : *non nominan-
dum.* J'avois toujours cru que cette verſion latine
faiſoit une grande faute, & que ce mot ne devoit
& ne pouvoit être rendu que par ceux-ci : *nomini
non conſentaneum.* Et j'avois penſé qu'on ne pouvoit
rendre cet endroit qu'en diſant : *Elle qui a à l'é-
gard de ſes enfans une façon de penſer impie qui
n'eſt point conforme à ſon-nom.* ἐδαμῶς ἐπώνυ ον
φρόνημα παιοὶ δύσθεον πεπαμένη.

(b) Premier Traducteur : *Que ce ſoit la dépouille*

du mortel le plus cher à mon cœur ?
Cependant un doux efpoir m'a flattée....
Hélas ! pourquoi ces cheveux ne peuvent-
ils parler , & diffiper mon cruel embarras ? que ne me difent-ils s'ils viennent
d'une tête ennemie (*a*) , fi je dois les
rejetter avec indignation ; ou bien fi ,
digne ornement du tombeau paternel ,
ils viennent de mon frere , & font le
monument de la douleur qui nous eft
commune. Vous qui le favez , Dieux du
ciel , regardez-moi ! mon ame eft agitée
comme un vaiffeau dans la tempête.
Grands Dieux ! fi l'inftant du bonheur
eft venu pour moi , fi c'en eft ici le ger-
me , faites qu'il jette les plus profondes
racines (*b*).

aimable de mon frere. Je vois qu'il a penfé que le
mot ἀγλάϊσμα , du vers 191 , rendu par *ornamen-
tum* dans la verfion latine , vouloit dire *l'ornement
de mon frere*. Pour moi , j'avois penfé qu'il vouloit
dire *un don de mon frere pour orner le tombeau*. Je
perfifte encore dans ce fentiment , en me rappel-
lant le vers 325 de l'Electre d'Euripide , où ce
mot eft déterminé à la fignification que je lui
donne. *Et votre tombeau eft privé de dons.* πυρὰ δὲ
χέρσος ἀγλαϊσμάτων.

(*a*) J'avois cherché à exprimer le vers 195 , que
le premier Traducteur a regardé comme inutile.

(*b*) Le premier Traducteur a fupprimé les vers
201 & 202.

[*Electre tourne autour du tombeau. En examinant tout avec soin , elle apperçoit des traces de pas différens ; en les mesurant avec ses pieds , elle voit qu'il y en a qui se rapportent exactement à la mesure de ses propres pas. Elle continue en parlant au Chœur.*]

Encore un nouvel indice. J'aperçois des traces de pas égaux & semblables aux miens. Je vois deux vestiges différens. Les uns doivent être ceux d'Oreste , les autres feront ceux de quelque ami qui l'aura suivi. Je les ai mesurés ; les talons , les plantes se rapportent exactement aux miens (*a*). Hélas ! tout accroît mon trouble & ma douleur.

(*a*) Le premier Traducteur a supprimé les vers 207 & 208. Au reste , je sens bien qu'à ces inexactitudes & ces suppressions près , le premier Traducteur a su rendre cet endroit d'une manière plus intéressante que moi. Le but que je m'étois proposé , d'expliquer plutôt que d'imiter mon Auteur , ne me permettoit pas de prendre autant de libertés qu'il en a prises ; mais je me fais un honneur d'avoüer hautement qu'en prenant les mêmes libertés que lui, je n'aurois pu vraisemblablement écrire ce morceau avec autant de graces & de naturel qu'il me paroît l'avoir fait.

✳

SCENE II.

ELECTRE, LE CHŒUR, ORESTE, PYLADE. [*Ils sortent tout-à-coup de l'endroit où ils s'étoient cachés pour entendre.*]

ORESTE.

Priez les Dieux d'accomplir aussi-bien le reste de vos souhaits.

ELECTRE.

Et quelle faveur du Ciel ai-je obtenue jusqu'à présent ?

ORESTE.

Vous voyez celui que vous desirez depuis longtemps.

ELECTRE.

Qui m'avez-vous donc entendu regretter (a) ?

(a) Premier Traducteur : *Hé quoi, vous le connoissez ?* Lorsqu'Electre dit mot à mot : *Et qui des mortels savez-vous avoir appellé ?* pour : *Et qui des mortels savez-vous que j'aie appellé ?* καὶ τίνα σύνοισθά μοι καλυμένη βροτῶν ; je ne croyois pas qu'elle voulût dire , *Est-ce que vous le connoissez celui que j'ai appellé ?* mais, *est-ce que vous savez qui j'ai appellé ?* ce qui me paroissoit beaucoup plus analogue à la suite du discours.

ORESTE.

ORESTE.

Je fais les vœux ardens que vous formez pour Orefte.

ELECTRE.

Eh bien, en quoi font-ils exaucés ?

ORESTE.

Le voici, n'en cherchez point d'autre ;
eh ! qui vous aimeroit davantage (*a*) ?

ELECTRE.

Etranger, vous me tendez un piege.

ORESTE.

C'eft donc pour y tomber moi-même.

ELECTRE.

Vous voulez infulter à ma douleur (*b*).

(*b*) Le premier Traducteur a fupprimé ces mots du vers 217, μὴ μάτευ ἐμὲ μᾶλλον φίλον, que j'aurois pu rendre littéralement par ce vers d'un de nos plus grands Poëtes,

Et quelle autre amitié fut jamais fi parfaite ?
Crébill. Electr. act. 4, fc. 2.

(*a*) Premier Traducteur : *Non, mais vous femblez vous faire un jeu de mes malheurs.* En examinant pourquoi je me trouvois différer de lui, j'ai cru m'apercevoir qu'il avoit mis un *non*, qui n'eft point dans le texte au vers 220, & que le *mais* étoit auffi de trop ; le mot ἄλλα qui eft dans le texte étant ici, de même que dans la précédente repartie d'Electre au vers 218, ce que les Latins appellent *fupervacaneum, vox quæ vacat* ; c'eft-à-

C

O R E S T E.

C'eſt donc auſſi pour inſulter à la
.mienne.

E L E C T R E.

Quoi, c'eſt vous, c'eſt Oreſte à qui je
parle?

O R E S T E.

Je ſuis devant vos yeux , & vous me
méconnoiſſez ! tandis qu'à l'inſtant au ſeul
aſpect de ces cheveux conſacrés à mon pere (a) , votre cœur a volé vers l'eſpoir.
Sur les ſimples veſtiges de mes pas vous
ſembliez me deviner. Chere ſœur, prenez
cette boucle , approchez-là de mes cheveux qui ſont ſemblables aux vôtres,
reconnoiſſez l'endroit d'où elle a été cou-

dire , un de ces mots dont nous ne pouvons pas
ſentir l'utilité & la grace dans le lieu où ils ſont
placés , mais qu'il faut ſe garder de croire avoir
été dépourvus de l'une & de l'autre pour les Grecs.
Je perſiſte à croire que ma verſion, qui me ſemble
ſinguliérement exacte , lie mieux ce qui précède
& ce qui ſuit. J'aurois pu rendre encore ce vers
d'Eſchyle par celui-ci :

Eſt-ce pour m'inſulter en un ſort ſi contraire ?
Longepier. Electr. act. 3 , ſc. 2.

(a) J'avois cru que l'épithete κηδεια, au v. 224,
n'étoit point de ces épithetes oiſeuſes ; je vois
pourtant que le premier Traducteur l'a ſupprimée.

pée (*a*). Regardez ce voile , ouvrage de
vos mains ; vos doigts ont formé ce tiſſu,

(*a*) Premier Traducteur : *Prenez ces cheveux,*
approchez-les des vôtres. Conſiderez ce vêtement , &c.
Je vois bien qu'il a voulu être concis. Peut-être
même a-t-il réuſſi à l'être plus que ſon Auteur.
Mais en réfléchiſſant attentivement , je penſe qu'il
l'eſt un peu trop, & je ne ſais ſi ſa phraſe ne laiſſe
point quelque obſcurité dans le raiſonnement. Car
ſi Oreſte ne dit ſimplement que *Prenez ces cheveux*,
approchez-les des vôtres , que peut il prouver par-là ?
Tout au plus , ce me ſemble , peut-on comprendre qu'il dit cela , afin qu'Electre voie que ces
cheveux ſont effectivement de la même couleur
que les ſiens , comme elle l'a dit elle-même plus
haut. Mais quelle nouvelle preuve cela lui donneroit-il de la préſence d'Oreſte , puiſqu'elle a déja
fait cette remarque en ſon abſence ? Je ne verrois
point là un raiſonnement ſuivi de la part du Poëte.
Au lieu que la maniere dont j'avois rendu les
vers 227 , 228 , littéralement & ſans chercher à
abréger le texte , qui dit mot à mot , *en l'appro-*
chant de l'endroit d'où elle a été coupée , *comparez*
cette boucle de cheveux de votre frere , *dont la tête*
eſt ſemblable à la vôtre , ou bien , *comparez cette*
boucle de cheveux à la tête de votre frere , *qui eſt ſem-*
blable à la vôtre [car le texte eſt ſuſceptible de
ces deux conſtructions , qui ne changent rien au
ſens] faiſoit voir clairement ce que le Poëte
vouloit dire. Oreſte montroit que ces cheveux
avoient été coupés ſur ſa tête , & de ſa reſſemblance avec Electre il tiroit une preuve qui devoit lui perſuader qu'il étoit ſon frere. Il en ajou-

ont tracé ces figures. ..... Mais calmez vos tranfports , modérez votre joie ; vous favez qu'il faut craindre ceux qui devroient nous chérir.

ELECTRE.

O cher objet des regrets de ta famille ! o doux efpoir de mon falut ! toi que j'ai pleuré ! ah ! ton courage te rendra le fceptre de ton pere. O tête chérie qui raffemble toutes les affections de mon ame (a) ! car je ne puis plus m'en défendre ; oui , tout ce que je dus d'amour à mon pere , à ma mere qu'il faut bien que je haïffe , à une fœur cruellement facrifiée , tout eft réuni pour toi , tendre frere, qui viens faire mon bonheur & ma gloire. Puiffent la Victoire , la Vengeance , & fur-tout le Souverain des Dieux , venir à notre fecours !

toit une plus certaine en lui préfentant le voile qu'elle avoit tiffu elle-même , & Electre étoit obligée de fe rendre.

(a) Ne reconnoît-on pas quelque chofe de ce que dit Efchyle en cet endroit, dans ces vers de M. de Voltaire ?

De ces lieux tout fanglans la nature exilée ,
Et qui ne laiffe ici qu'un nom qui fait horreur ,
Se renferme pour lui (*mon frere*) toute entiere en mon
　　　　　　　　　　　　　　　　　　cœur.

Orefte , act. 2 , fc. 6.

TRAGÉDIE. 37

ORESTE.

O Jupiter, Jupiter, contemple l'état où nous sommes ; vois restés sans défense les aiglons d'un aigle généreux, qu'un indigne serpent étouffa dans ses replis tortueux ; orphelins que presse une faim cruelle, trop foibles encore pour chercher leur nourriture accoutumée. Tel tu vois Oreste, telle tu vois Electre, enfans malheureux, privés de leur pere & bannis de leur palais. Si tu laisses périr les enfans du roi qui t'honora jadis, & t'offrit de si pompeux sacrifices, quelle autre main fera fumer l'encens dans tes temples ? De même que si tu laissois éteindre la race de l'aigle, quel autre oiseau porteroit tes augures aux mortels ? Cet arbre antique, s'il est séché jusques en sa racine, ne pourra plus ombrager tes autels aux jours de tes sacrées hécatombes. Daigne nous protéger. Cette maison semble être tombée au fond de l'abysme, mais il t'est bien facile de lui rendre son premier éclat.

LE CHŒUR.

O chers enfans ! o cher espoir de la maison d'Atrée ! n'élevez point votre voix ; craignez de trahir votre secret, & qu'un vil délateur n'aille le découvrir à ceux qui sont encore les maîtres. Ah ! puissai-je

C iij

bientôt les voir en proie aux flammes dé-
vorantes.

ORESTE.

Le Dieu puiffant qui lit dans l'avenir,
ne trahira pas fes oracles. C'eft lui qui
m'ordonne de tout entreprendre. Sa voix
a tonné jufqu'au fond de mon cœur ; il
m'annonce d'effroyables malheurs, fi je ne
pourfuis pas les affaffins de mon pere ;
il veut que je les frappe comme ils l'ont
frappé. Il m'a glacé d'effroi par la prompte
& terrible punition dont il m'a menacé (a). Des maux fans nombre vengeroient
fur moi-même une ombre qui doit m'être
chere. Ainfi me l'annonce ce Dieu qui
apprend aux mortels à calmer des manes

(a) *Il m'a glacé d'effroi par la prompte & terrible
punition dont il m'a menacé.* Le vers 273, que j'ai
voulu rendre par là, ἀποχρῆμα τοῖσι ζημίαις ταυρά-
μενον, eft conftamment corrompu. Cantere a propofé de lire ἀποχρημάτοισι, d'un feul mot ; Robortel a lu ἀχρημάτοισι ; pour moi, je propoferois
de lire αὐτοχρημάτοισι, que je rends par *prompte
& inftant.*, en fuivant l'analogie de l'adverbe
αὐτοχρῆμα, dont je fuppofe dérivé l'adjectif αὐτοχρημάτοισι, [mot, dont j'avoue que les Lexiques
ne font aucune mention ; mais ils ne parlent pas
davantage du mot ἀποχρημάτοισι, propofé par
Cantere] & que je trouve fignifier *confeftim*,
dans un paffage d'Elien, cité par Suidas au mot
αὐτοχρῆμα.

irrités (*a*). Une cruelle maladie déchireroit
mon corps ; une lépre douloureuse rongeroit
mes os jusques à la moëlle, & mes cheveux
blanchiroient avant le temps. Il a parlé des
furies redoutables qui naîtroient du sang
de mon pere ; au sein des ténèbres , je
verrois étinceler ses regards menaçans (*b*).
Car du fond de la nuit infernale , ceux

(*a*) *Ce Dieu qui apprend aux mortels à calmer
des manes irrités.* Je ne sais si je serai assez heureux pour faire adopter cette interprétation nouvelle du vers 276 , τὰ μὲν γὰρ ἐκ γῆς δυσφρόνων μει-
λίγματα βροτοῖς πιφαύσκων, qui me semble pouvoir
très-naturellement se rendre par ces mots latins :
*ille enim qui enuntiat mortalibus solatia manium in-
fensorum* [id est, *modum placandi manes infensos.*].
Ces mots ἐκ γῆς δυσφρόνων, me paroissent très-naturellement expliqués par ceux-ci, *manium infen-
sorum.* Les Grecs , lorsqu'ils étoient accablés de
quelque fléau, recouroient à l'oracle de Delphes ,
& souvent le Dieu leur répondoit qu'ils n'obtien-
droient du soulagement qu'en expiant tel ou tel
meurtre, en calmant les manes de tel ou tel hé-
ros : leur histoire en fournit quantité d'exemples.

(*a*) *Au sein des ténèbres je verrois étinceler ses
regards menaçans.* Ceci est l'explication du vers 283.
ὁρῶντα λαμπρὸν ἐν σκότῳ νωμῶντ' ὀφρύν, dans lequel
j'imagine que le participe ὁρῶντα est régi à l'ac-
cusatif par la préposition πρός, dont est composé le
mot προςβολάς, du vers précédent , & que le participe νωμῶντα se rapporte au substantif πατέρα,
qui est implicitement renfermé dans le πατρῴων
αἱμάτων, du vers précédent.

dont une main parricide a terminé la vie, lancent des traits inévitables. L'effroi nocturne, la rage armée d'un fouet d'airain, agite, trouble & pourſuit de ville en ville le malheureux qui ne les vengeroit pas (a). Dans cet état, plus de part aux ſacrifices ni aux libations ſacrées ; plus de place aux pieds des autels. Qui recevroit celui que pourſuivroit viſiblement la colere d'un pere (b) ? qui habiteroit avec lui ? Haï,

(a) J'ai ajouté ces cinq derniers mots : *qui ne les vengeroit pas*, pour éclaircir le texte.

(b) *Qui recevroit celui que pourſuivroit viſiblement la colere d'un pere ? qui habiteroit avec lui ?* Voici comment j'avois imaginé de conſtruire les vers 291 & 292, pour en tirer ce ſens qui me paroît beau & bien ſuivi, ſans rien changer au texte, comme le proposent tous les Interprêtes. Il y a dans le texte : ἐχ ὁρωμένην πατρὸς μῆνιν δ'ἔχεσθαι, ὅτε συλλύειν τινά, & je conſtruiſois : ἐκ τινά δ'ἔχεσθαι μῆνιν ὁρωμένην, πατρὸς, ὅτε συλλύειν. μῆνιν ὁρωμένην πατρὸς, ne me paroîſſoit point une conſtruction trop hardie pour dire, *l'objet viſible* ou *frappant de la colere d'un pere*, lorſque je penſois que c'étoit Eſchyle qui fait parler un Oracle, & qui le fait parler exprès obſcurément. Car je crois que voilà le nœud de l'extrême difficulté de toute cette tirade, (dont je n'oſe me flatter, malgré tous mes efforts, m'être tiré plus heureuſement que les autres Interprêtes). L'Oracle avoit dû parler à Oreſte de la punition qui ſuivroit la mort de ſa mere, lorſqu'il l'auroit tuée ; Oreſte a tout entendu de

méprifé de tous , il faudroit mourir lentement dans de pénibles tourmens. Comment ne pas obéir à de tels oracles ? Et
quand même je pourrois ne les pas écouter , je ne courrois pas moins à la vengeance. Trop de motifs font ici réunis ;
& les ordres des Dieux , & la mort déplorable d'un pere , & la honte de l'indigence où je fuis réduit , & l'indigne fpectacle du peuple courageux & célebre qui
détruifit Ilion , honteufement affervi à
deux femmes ; car de quel autre nom
puis-je appeller Egifthe ? Si je me trompe , il pourra bientôt le faire connoître.

LE CHŒUR.

O Parques puiffantes ! que Jupiter faffe
éclater fa juftice ! que l'outrage foit puni
par l'outrage. L'équité crie hautement &
réclame fes droits. Que le meurtre foit
vengé par le meurtre ; que l'affaffin foit
affaffiné (a) : c'eft l'antique loi reconnue
des mortels.

la punition qui fuivroit fa négligence à venger fon
pere.

(a) J'avois voulu rendre les mots du vers 311 ,
δράσαντι παθεῖν , très-difficiles à rendre littéralement , & que le premier Traducteur a cru pouvoir fupprimer , fans doute comme une répéti-
tion.

Oreste.

O mon pere , pere trop malheureux !
Après un long exil , arrivé au pied de ta
tombe , que dirai-je , que ferai-je , pour
obtenir qu'un beau jour fuccede à la nuit
épaiffe qui m'environne (a) ? Hélas ! les
larmes font le feul & trop fameux partage des antiques Atrides.

Le Chœur.

O mon fils ! la flamme dévorante du
bûcher ne détruit pas tout fentiment chez
les morts. Même après le trépas , leur
courroux éclate ; l'ombre d'un pere gé-
mit ; le vengeur paroît (b). Le pere &
les enfans confondent leurs cris & leurs
larmes pour demander juftice.

(a) Pour la premiere partie de cette interlocu-
tion d'Orefte , j'ai adopté l'interprétation du
commentateur Anglois , & pour la feconde celle
du Scholiafte.

(b) Il y a dans le texte au vers 325 , ἀναφαίνεται
δ᾿ ὁ βλάπτων. Le mot βλάπτων, qui fignifie mot à
mot, *celui qui fait du mal*, peut également s'entendre, ce me femble , & de l'affaffin , & du vengeur d'Agamemnon. En fuppofant qu'il foit fuf-
ceptible de cette double fignification , je crois que
l'on trouvera que ma traduction préfentoit un
fens plus fuivi & plus littéral , que toutes les
autres verfions des Interprêtes. Des changemens
qu'ils propofent , je n'avois adopté que celui de
τέκνων en τεκόντων , d'après Stanley au vers 327.

ELECTRE.

Entends donc, o mon pere, les regrets & les gémiffemens que nous t'of-
frons tour à tour. Tes deux enfans pleu-
rent fur ce tombeau, tous deux fup-
plians, tous deux fugitifs. Quel bien leur
eft-il refté ? Que n'ont-ils pas fouffert ?
Mais leurs maux ne font pas fans remede.

LE CHŒUR.

Les Dieux, s'ils veulent (a), change-
ront ces plaintes en cris de joie ; au lieu
de ces lamentations funebres, des chants
de victoire rameneront dans fon palais ce
frere qui vient de vous rejoindre.

ELECTRE.

Si dans les champs de Troie la lance
de quelque Lycien t'eût fait mordre la
pouffiere, o mon pere, ton palais feroit
refté plein de ta gloire, & le fort le plus

(a) Je n'avois pas cru que la verfion latine,
que je vois pourtant fuivie par le premier Traducteur, pût être adoptée, lorfqu'elle rend le mot
χρήζων par ceux-ci, *qui dedit oracula ;* puifque le
grand Etymologique dit formellement que le mot
χρήζων, quand on veut lui donner cette fignification, ne s'écrit point avec un ι foufcrit.
Celui qui fe voit dans le texte, fous ce mot, m'a-
voit paru le déterminer au fens de *volens,* que
j'avois exprimé.

brillant auroit été le partage des tes enfans. Dans le fein d'une terre étrangere,
tu aurois trouvé un fuperbe tombeau, au
milieu des amis qui moururent généreu-
fement pour toi, grand jufque chez les
ombres, prince toujours augufte, & fa-
vori des maîtres redoutables des enfers,
parce que tu fus roi pendant ta vie, &
que le deftin avoit mis entre tes mains le
fceptre & la puiffance. Mais non, tu n'es
point mort devant Ilion, & tu n'es point
enfeveli fur les rives du Scamandre avec
tous ces Grecs immolés par le fer. Ah !
plût au Ciel qu'exempte du tourment que
j'endure, j'euffe appris ta mort avant que
tes affaffins t'euffent indignement maffacré (a).

(a) Pour tirer le fens que préfente ma traduction, voici comment j'avois imaginé de conftruire
ces cinq vers :

Πάρος δ' οἱ κτανόντες
Νῦν ὕτως δαμῆναι,
Θανατηφόρον αἶσαν
Πρόσσω τινὰ πυνθάνεσθαι
Τῶνδε πόνων ἄπειρον.

J'avois adopté le changement propofé par Stanley
au premier de οἱ κτανόντες νῦν, en ἢ κτάνον σὲ νῦν,
& je conftruifois, πάρος δ', ἢ κτάνον σὲ νῦν, ὕτως

LE CHŒUR.

Ce deſtin, o ma fille, eût été trop beau :
vous demandez une faveur plus précieuſe
que toutes les faveurs du ſort le plus proſpère (a). Vous cédez à la douleur ; mais
la fortune vous a frappée d'un double
coup. Vos défenſeurs ne ſont plus, & les
mains de nos odieux tyrans ne reſpectent
rien (b). Malheureux enfants, c'eſt vous
ſur-tout qui en êtes les victimes !

ELECTRE.

Cruelle penſée, qui comme un trait

[ſubaud. σέ] δαμῆναι, τῶνδε πόνων ἄπειρον, [ſubaud.
ἐμέ] πρόσσω πυνθάνεσται τινὰ θανατηφόραν αἶσαν. Mot
à mot en latin : *Utinam* [car ce mot doit certainement être ſous-entendu, tout le monde en convient.] *Utinam antequam te nunc occidiſſent, ſic*
[id eſt, *ita ut modo dixi, ſub mœnibus Trojæ*]
*cecidiſſes, ego verò horum malorum expers, aliquam
lethiferam ſortem tuam è longinquo audiiſſem.*

(a) Il y a mot à mot dans le texte : *Cela eſt*
[ou, *eût été*] *plus précieux que l'or ; mais vous
parlez de choſes plus grandes que la fortune la plus
grande & la plus proſpère.* Car le mot ὑπερβορέω,
du vers 371, ſignifie, *fortuna quæ flat admodùm
ſecunda,* dit Caſaubon, dans ſa dixieme note ſur
le premier livre de Strabon, *pag.* 107. Je croyois
avoir rendu aſſez fidélement cet endroit difficile,
& que mon ſens ſe lioit très-bien avec ce qui
précède & ce qui ſuit.

(b) Ne r etrouve-t-on pas quelque choſe de

pénètre mon cœur ! (*a*) Jupiter, Jupiter, fais donc fortir enfin des enfers la puni-tion due à de coupables & parricides mortels ! Quand jouirai-je des larmes améres de ces indignes époux à leur dernier foupir ? C'eft ma mere..... Eh ! je le fais...... Mais pourquoi me con-traindre (*b*) ? Le Dieu de la vengeance vole autour de moi. La fureur & la haine enflamment mon vifage, embrafent mon cœur (*c*). Jupiter, qui retient ton bras puiffant ? Frappe, frappe des têtes cri-minelles, & fais-toi reconnoître à tes

ce que dit ici Efchyle, dans ces vers-ci de Cré-billon ?

> .... Malheureufe princeffe,
> Hélas ! que votre fort eft digne de pitié !
> Plus d'amis, plus d'efpoir.

Elect. act. 3, fc. 2.

(*a*) Tout ce que l'édition de Paw attribue au Chœur, depuis le vers 379, jufqu'au vers 408, il m'avoit paru plus naturel de l'attribuer à Electre. J'y avois été déterminé en examinant le fens du vers 382, τοκεῦσι δ᾽ ὅμως τελεῖται, que j'imaginois n'avoir pas mal rendu par ces mots, *c'eft ma mere..... Je le fais....*

(*b*) Ma fureur deformais ne peut plus fe contraindre.
Crébill. Atrée & Thyeft. act. 3, fc. 3.

(*c*) Mot à mot : *La colere & la haine cruelle fe montrent fur mon vifage & dans mon cœur irrité.*

coups (*a*). Je demande juſtice de ces in-
juſtes mortels. Déeſſe qui vengez les morts,
écoutez-moi. Le ſang verſé demande du
ſang , ainſi le veut la loi ; les furies appellent la mort pour venger des manes
infortunés. Puiſſances de l'enfer , où êtes-
vous ? Imprécations redoutables des mou-
rans , qu'êtes-vous devenues ? Voyez le
reſte infortuné des Atrides honteuſement
chaſſé de leur palais. Jupiter , où ſera
notre refuge ?

LE CHŒUR (*b*).

Mon cœur treſſaille lorſque j'entends ces
plaintes lamentables. Tantôt vos gémiſ-
ſemens me jettent dans un noir deſeſpoir ;
tantôt l'eſpérance ſuccède à la douleur ,
lorſque je vous entends vous animer à la
vengeance.

ELECTRE.

Que dirai-je ? rappellerai-je tous les
maux que m'a fait ſouffrir une mere ?
irai-je la flatter (*c*) ? Rien ne peut l'at-

(*a*) Cela me paroiſſoit une explication aſſez
naturelle des mots du vers 395 , πιστὰ γένοιτο χώρᾳ.

(*b*) Depuis le vers 408 , juſqu'au vers 416 , j'ai
tout attribué au Chœur ; le reſte depuis le vers
416 , juſqu'au vers 432 , je l'ai rendu à Electre ,
comme font les éditions grecques.

(*c*) *Irai-je la flatter ?* C'eſt ici l'endroit le plus
difficile d'Eſchyle , je crois pouvoir aſſurer que

tendrir. Telle qu'un loup.cruel , fon ame
féroce. ne peut être adoucie. Plus barbare
qu'une Ciffienne , elle a frappé un coup

perfonne n'y a rien compris jufqu'ici ; & s'il y en
avoit plufieurs de cette efpece , je ne dis pas
dans une Tragédie , mais dans tout le Livre ,
c'eût été le comble de la folie d'en entreprendre
la traduction. Heureufement un endroit de l'Agamemnon , trois ou quatre vers des Euménides, &
ceux ci , étoient les feuls endroits que je me fuffe
cru forcé d'abandonner entiérement. Je ne ferai
donc aucun effort pour juftifier la périphrafe , ou
[fi ce mot paroît encore trop doux aux examina-
teurs rigides du texte] les idées que j'ai fubfti-
tuées à celles de l'Auteur , qu'encore un coup je
n'entends pas depuis le vers 416 jufqu'au vers 426.
Je me fuis laiffé guider par la verfion de Stanley,
mais à regret. Je ne fais ce que c'eft qu'une *Ciffienne* , ni ce qu'Efchyle entend par-là. L'interprétation de Paw eft d'un ridicule. achevé ; le
Commentateur grec fe tait ; les autres Interprêtes
ne difent que des chofes inutiles. Je ferai le feul
qui aurai du moins la bonne foi de convenir de
mon ignorance. Tout ce que l'on fait des *Ciffiens* ,
peuple de Perfe , n'éclaircit rien ici. Je penferois
pourtant que ces mots du vers 421 , ἔκοψε κομμὸν
Ἄρειον , ne devroient point être entendus des coups
que Clytemneftre porta à fon mari ; mais de la
maniere dont elle le pleura , dont elle lui fit des
funérailles. Le mot κοπτῶ , s'entend peut-être
mieux de *plango* , que de *ferio* ; & κόμμος ne
fignifie prefque jamais *ictus* , mais bien *planctus*.
Voyez Hefych. voc. κομμοὶ. Peut-être Efchyle
terrible.

terrible. Elle a redoublé ; & bientôt on ne put compter les bleſſures ſans nombre que ſa main lui avoit faites. Infortunée.... ma tête retentit encore du bruit de ces funeſtes coups ! O ma mere !.... o femme impie ! ..... vous avez oſé enſevelir un roi ſans le concours de ſon peuple , un époux ſans larmes ni regrets !

ORESTE.

Ah , ciel ! que d'outrages vous m'apprenez ! les Dieux & cette main les lui feront payer bien cher. Périſſe Oreſte, s'il le faut , après qu'il ſera vengé (a) !

fait-il alluſion aux mœurs des femmes Ciſſiennes. Peut-être avoient-elles la coutume de s'acharner ſur le corps des ennemis qui leur tomboient entre les mains , de les percer de mille coups même après leur mort , & de les mutiler. Mais qui pourra ſoutenir l'idée que j'avance ? Il faudroit une érudition plus vaſte , je ne dirai pas que la mienne [ce ne ſeroit pas demander beaucoup] mais que celle d'Etienne , de Cantere , de Stanlei , de Paw , d'Heath & du Scholiaſte , qui tous ont laiſſé cet endroit dans la plus épaiſſe obſcurité.

(a) J'aurois pu rendre ces deux vers d'Eſchyle par ce vers françois :

Périſſons, périſſons, ſi mon pere eſt vengé !

Longepierre, Electr. act. 1 , *ſc.* 3.

D

ELECTRE.

A peine expiré (*a*) , on lui coupa les
extrémités du corps : après cet indigne
traitement, elle l'enfevelit ici. C'eft ainfi
qu'elle croyoit vous dévouer à l'infortune.
Vous entendez l'horrible infulte faite à
votre pere....

(*a*) Cantere propofe de lire au vers 437,
ἐμασχαλίσθη δ᾽ ἐθ᾽ ὡς τῦτ εἰδῆς , au lieu de ἐμασχαλίσθης δέ θ᾽ ὡς τότ᾽ ἐδυ. J'avois imaginé qu'on pourroit n'adopter que le changement de ἐμασχαλίσθης ,
en ἐμασχαλίσθη , & je traduifois : *amputatus eſt*
quoque ſtatim atque tunc cecidit. C'étoit une fuper-
ftition des Anciens de croire , lorfqu'ils avoient
commis quelque affaffinat , que s'ils coupoient au
cadavre les extrémités du corps , les pieds & les
mains , & les attachoient au col , ils détournoient
la vengeance du mort , & le mettoient hors
d'état de feconder jamais les efforts de ceux qui
voudroient dans la fuite pourfuivre la punition
de fon trépas. C'eft vraifemblablement par rapport à cette idée qu'Electre ajoute : *C'eſt ainſi*
qu'elle croyoit vous dévouer à l'infortune , ou plutôt
mot à mot : *Déſirant vous préparer un deſtin inſup-*
portable pendant votre vie , fous-entendant j'imagine , *parce que vous ne pourriez pas venger votre*
pere , & que ſes manes ne pourroient vous feconder.
On peut voir fur la coutume dont il s'agit , Apollonius au vers 488 du quatrieme livre des Argonautes, Hefychius au mot μασχαλίσματα , Sophocle au vers 426 de l'Electre , & fur-tout la
note très-étendue de Meurfius, au vers 1225 de
Lycophron.

ORESTE.

Quoi ! ce fut-là son deftin (a) ?

ELECTRE.

Et moi exilée , accablée de mépris , je fus chaffée du palais comme un vil animal , dont on craint l'approche. Les foupirs & les pleurs furent mon partage, & mon unique joie fut de cacher mes larmes. Vous m'avez entendue ; gravez ces mots dans votre cœur , qu'ils pénètrent au fond de votre ame. Voilà ce que nous avons fouffert ; voilà ce que vous voulez favoir ; que votre cœur foit inflexible. Et toi , mon pere , viens te joindre à tes enfans. Je t'appelle en verfant des larmes , & tout ce qui eft ici fe réunit à moi. Ecoute - nous , reviens au jour , aide-nous contre tes ennemis. La Force va lutter contre la Force ; la Vengeance contre la Vengeance : Dieux , fecondez la juftice !

LE CHŒUR.

Je tremble (b) en écoutant cette prière.

(a) J'avois cru que le vers 442 , λέξεις πατρώϊαν μόρον , mot à mot , vous parlez du deftin de mon pere , étoit mieux dans la bouche d'Orefte que dans celle d'Electre , à laquelle toutes les éditions l'attribuent.

(b) Il m'avoit paru plus naturel d'attribuer le

D ij

Sans doute, l'arrêt du Deſtin eſt porté
depuis longtemps ; que nos vœux en pré-
cipitent l'effet (*a*) ! O ſuite fatale ſde
malheurs ! o coups ſanguinaires , coups
ſacriléges de la Vengeance ! o deuil funeſte ! o maux ſans remede, & enraci-
nés dans la maiſon des Atrides (*b*) ! Ce
n'eſt point par des mains étrangéres ,
c'eſt toujours par les mains les plus chéres
qu'ils perdent la vie (*c*). Déeſſes des enfers , Déeſſes de ſang , vous entendez
l'hymne qui vous eſt conſacré ! Dieux ſoû-
terreins , écoutez nos prieres , prêtez votre ſecours à ces enfans , & faites - les
triompher !

vers 461 & les ſuivans juſqu'au vers 467 , au
Chœur qu'à Electre.

(*a*) On reconnoît le ſens de ce que dit ici le
Chœur dans ce vers françois,

> Dieux qui la préparez [*la punition*) que vous tardez
> longtemps !
> *Volt. Oreſte* , *act.* 1 , *ſc.* 2.

(*b*) Eſchyle emploie ici une métaphore bien
extraordinaire. Il dit mot à mot : *O mal appliqué*
ſur cette maiſon comme un cataplaſme ! δώμασιν ἔμ-
μετον.

(*c*) J'avois cru qu'il feroit mieux de mettre un
point final après ces mots , αἰῶν' ἀναιρεῖν , du v. 472,
ce qui donne le ſens que préſente ma verſion.
Cette idée m'avoit été ſuggérée par le commentateur Anglois.

ORESTE.

O mon pere, tu tombas sous d'indignes coups ! rends-moi ton scepte & ta puissance.

ELECTRE.

Ta fille, o mon pere, a besoin aussi de ton secours pour échapper aux fureurs d'Egisthe, & lui donner la mort. Alors tu verras les humains te rendre de légitimes honneurs ; & dans les jours confasacrés aux manes (a), tu ne seras point

---

(a) J'ai lu οὐδὲ μὴ, pour εἰ δὲ μὴ, au vers 482, parce qu'il me sembloit que cela donnoit un sens plus naturel & plus lié avec ce qui suit. Cependant, s'il ne faut rien changer, je traduirois : *sinon tu feras toujours*, &c. Je n'avois pas cru qu'il fût possible d'admettre la version latine, lorsqu'elle rend ces mots du même vers 482, παρ᾽ εὐδείπνοις, par ceux ci, *apud benè cœnantes*. J'avoue même que cette traduction me paroissoit ridicule. Cependant je vois que le premier Traducteur l'a adoptée, puisqu'il dit : *Vous serez témoin de leur insolence & de leur festin.* Malgré cela, je persiste à croire que par εὐδείπνοι, il faut entendre [comme nous l'apprennent Hésychius & le lexique manuscrit de Photius] ou une fête particuliere consacrée aux morts, dont Meursius fait mention dans son Traité des Fêtes de la Gréce, *pag.* 11, édition de Leyde de 1619, & sur l'origine de laquelle il rapporte plusieurs traditions différentes ; ou plus vraisemblablement des libations

D iij

honteufement privé d'offrandes & de facrifices. Alors rétablie dans ton palais &
dans mes biens, aux jours de mon hymen
je t'apporterai des libations, & ta tombe
fera le premier objet de mon culte (*a*).

ORESTE.

O Terre, rends-moi mon pere, qu'il
foit témoin de notre combat!

ELECTRE.

O Proferpine, donne-nous une victoire
éclatante !

ORESTE.

Mon pere, fouviens-toi du bain où tu
perdis la vie !

ELECTRE.

Souviens-toi de ces lacs où tu trouvas
la mort !

ORESTE.

Tu fus arrêté dans de honteufes chaî-
nes !

en l'honneur des morts, comme l'explique auffi
Héfychius.

(*a*) Je retrouve quelque chofe d'Efchyle dans
ces vers françois,

Alors. . . . .
Mes mains pourront d'un pere honorer le tombeau,
Loin de fes ennemis, & loin de fon bourreau.

Volt. Orefte, act. I, fc. I.

ÉLECTRE.

Tu fus furpris dans un infâme piege !

ORESTE.

Reveille-toi au fouvenir de ces outrages.

ÉLECTRE.

Ne leveras-tu point ta tête ? Envoie donc la Juftice vengereffe pour combattre avec tes enfans ; ou plutôt viens toi-même rendre les coups qui te furent portés, fi tu veux vaincre ainfi que tu fus vaincu. Entends cette derniere priere, o mon pere ! tu vois à ce tombeau deux orphelins ; prends pitié de ton fils & de ta fille ; ne laiffe point périr en eux la race de Pélops. Par eux tu vis encore, même après ta mort. La gloire de fes enfans reffufcite un pere defcendu dans les enfers ; femblable au liége qui furnage, & empêche le filet qu'il foutient, de fe perdre au fond des eaux. Ecoute-nous, c'eft fur toi que nous pleurons. Toi-même fauveras ta gloire en exauçant nos vœux, juftes hommages dûs à ta tombe & à tes cendres mal honorées jufqu'ici. [à Orefte] Mais puifque le projet eft formé, il eft temps de l'exécuter, il eft temps d'éprouver les Dieux.

ORESTE.

J'y cours. Cependant, il m'importe
D iv

avant tout d'apprendre pourquoi elle a
envoyé ces offrandes , & ce qui l'en-
gage à tenter , après un temps si long ,
de réparer un mal irréparable. Honneurs
tardifs , rendus à une cendre insensible !
Je ne sais ce qu'elle peut attendre de ces
dons ; mais ils sont trop au-dessous de son
forfait. Toutes les libations réunies ne
racheteroient point le sang d'un seul homme. Telle est la loi. Quoiqu'il en soit ,
instruisez-moi si vous pouvez.

LE CHŒUR.

Je le puis , ô mon fils , car j'étois présente , lorsque réveillée cette nuit par un
songe effrayant , cette femme impie a
ordonné ces sacrifices (a).

(a) On retrouve cette idée dans deux de nos
Poëtes françois , lorsque l'un fait dire par Chry-
sothémis :

D'un songe affreux , dit-on , son esprit agité ,
Cède au secret effroi dont il est tourmenté ;
Et pour calmer du Ciel l'implacable justice ,
Au tombeau de mon pere elle offre un sacrifice.

Longepier. Electre , act. 1 , sc. 3.

& l'autre , par Clytemnestre elle-même :

Un songe affreux a frappé mes esprits ,
Mon cœur s'en est troublé , la frayeur l'a surpris ;
Mais pour en détourner les funestes auspices ,
Ma main va l'expier par de prompts sacrifices.

Crébill. Electre , act. 1 , sc. 8.

ORESTE.

Savez-vous quel eſt ce ſonge ? pouvez-vous le raconter ?

LE CHŒUR.

Il lui a ſemblé, dit-elle, qu'elle enfantoit un ſerpent.

ORESTE.

Et comment a fini cette viſion ?

LE CHŒUR.

Le monſtre nouveau-né, comme un enfant au maillot, s'eſt avancé pour chercher ſa nourriture ; & dans le même ſonge, elle lui a préſenté la mamelle.

ORESTE.

Sans doute que cet odieux ſerpent la bleſſa ?

LE CHŒUR.

Avec le lait, il ſuça ſon ſang à longs traits.

ORESTE.

Ah ! ce ſonge ſera réaliſé (a).

(a) Premier Traducteur : *Ce n'eſt pas en vain que le fantôme de ſon époux lui eſt apparu.* Il eſt certain que les mots du vers 532, ὄτοι μάταιον ἀνδρὸς ὄψανον πέλει, paroiſſent au premier coup-d'œil préſenter ce ſens ; mais en examinant la ſuite du dialogue, j'avois toujours compris qu'il ne pouvoit pas être queſtion ici du *fantôme de l'époux de Clytemneſtre,* puiſqu'il n'eſt dit nulle

LE CHŒUR.

Elle s'eſt éveillée pleine d'effroi , & a pouſſé de grands cris. Bientôt les lampes éteintes ont recommencé à briller dans le palais (a): Enſuite elle a envoyé ces li-

part dans la pièce , qu'elle eût vu ſon époux en ſonge ; & j'avois de tout temps entendu ἀνδρός , de *Clytemneſtre.* Je ne ſavois pas trop comment juſtifier cette interprétation , néceſſaire pourtant , ſi l'on veut qu'il y ait quelque ſuite dans ce dialogue : le commentateur Anglois eſt venu à mon ſecours par une remarque très-ingénieuſe. Le Scholiaſte dit que les Grammairiens avoient noté ce vers d'Eſchyle , à cauſe du mot ὄψανον , qui n'eſt point uſité , & qui paroît déduit du mot ὄψις. Mais comme ce mot ne ſemble en aucune façon manquer d'analogie dans ſa formation , il y a tout lieu de croire que le Scholiaſte ſe trompoit , & que les Grammairiens avoient noté ce vers à cauſe du mot ἀνδρός , pris pour *cette femme* , par une catachreſe extrêmement rare , ſuppoſé qu'il y en ait des exemples que je ne connoiſſe pas. Je crois donc que la traduction littérale ſeroit : *La viſion de cette femme n'eſt pas vaine.*

(a) Premier Traducteur : *Ses femmes ſont accourues au bruit de ſa voix.* J'avois toujours cru que les vers 534 & 535 , πολλοὶ δ' ἀνῆλθον ἐκτυφλωθέντες σκότῳ , λαμπτῆρες ἐν δόμοισι δεσποίνης χάριν , ne pouvoient ſignifier autre choſe que mot à mot : *Pluſieurs lampes qu'on avoit éteintes pendant les ténebres , reſſuſciterent en faveur de la reine.* Sens que j'avois préſenté dans ma traduction. La verſion

bations funèbres , espérant prévenir les maux qui la menacent (*a*).

ORESTE.

O Terre , o Tombeau de mon pere , puissai-je accomplir ce songe ! il me paroît avoir avec moi un rapport entier. Le serpent a pris naissance au sein qui m'a conçu ; ainsi que moi il a été enveloppé de langes (*b*) ; il a sucé la mamelle qui m'a nourri ; mais il a mêlé le sang de sa nourrice au lait qu'elle lui présentoit ; la douleur & l'effroi lui ont

latine qui rend les deux premiers mots par ceuxci , *multæ intrarunt* , pourroit , à la vérité, favoriser le sens du premier Traducteur , mais je crois que cette expression est mauvaise : ou, si l'on peut la laisser subsister , le mot *multæ* se doit toujours rapporter au mot *lucernæ* qui suit ; & je ne vois pas encore ce qui peut avoir rapport au sens du premier Traducteur.

(*a*) Premier Traducteur : *Elle a cru que des présens funebres la délivreroient de ses terreurs.* Je ne sais si la façon dont j'avois rendu le vers 537, ἄκος τομαῖον ἐλπίσασα πημάτων, n'est pas préférable. Car indépendamment de ce que le mot πημάτων ne signifie point *terreurs* ; mais bien *des maux* , je crois que Clytemnestre ne cherchoit pas *à se délivrer de ses craintes* , *à ne pas craindre des maux* , mais *à détourner ceux qu'elle craignoit.*

(*b*) Le premier Traducteur a omis le vers 542 ; ὄφις τε πᾶσιν σπαργάνοις ὡπλίζετο.

arraché des gémiffemens ; ce monftre affreux, par elle-même allaité, eft le pré-
fage de fa mort. Je ferai le ferpent ; je
la tuerai, je vérifierai le fonge. Vous-
mêmes ne l'interprêtez-vous pas ainfi ?

LE CHŒUR.

Ah ! telle en foit l'iffue ! mais inftrui-
fez vos amis. Qui doit agir ? qui doit
refter ?

ORESTE.

Un mot expliquera tout. Electre doit
rentrer ; j'ai befoin de cacher mes projets.
C'eft par la rufe qu'ils ont donné la mort
au plus grand des mortels ; c'eft par la
rufe, c'eft dans un piege qu'ils trouveront la mort (a). Ainfi l'a prédit le Dieu
qui lit dans l'avenir, le puiffant Apollon, & jamais fes oracles ne furent trou-
vés menteurs. Pour moi, femblable en
tout à un voyageur, je me préfenterai
avec Pylade aux portes de ce palais,
comme hôtes & amis de guerre de cette
famille (b). Tous deux nous parlerons

(a). J'aurois, pour ainfi dire, pu traduire ce que
dit ici Efchyle par ces deux vers François :

Comme la fraude feule exécuta le crime,
Il faudra qu'elle feule immole la victime.

Longepier. Electre, act. 2, fc. 1.

(b) J'avois cru devoir rendre fcrupuleufement

le langage ufité près du Parnaffe, en prenant l'accent des Phocéens. Sans doute nous ferons mal accueillis dans ce palais ; car tout refpire ici l'injure & la violence. Toutefois nous refterons jufqu'à ce que quelque paffant nous apperçoive, & leur dife : « Pourquoi rebuter ces étrangers ? » Egifthe n'eft-il pas ici ? n'eft-il point » inftruit de leur arrivée ? » Si une fois je paffe le feuil de la porte, fi je trouve ce monftre affis au trône de mon pere, s'il vient à moi pour me parler & me confidérer ; n'en doutez pas, avant qu'il ait pu me dire : Etranger, qui êtes-vous ? je l'étends mort à mes pieds du coup le plus rapide (*a*) ; & bientôt un fang plus précieux fervira de troifieme offrande à la Furie qui multiplie ici les affaffi-nats (*b*). Vous donc, Electre, faites que

ces mots du vers 560, ξένος τε ϗ δορύξενος δόμων. Cependant je vois que le premier Traducteur a cru pouvoir les omettre entiérement. Je ne fais pourtant encore fi jé n'avois pas mieux fait.

(*a*) J'avois voulu rendre par-là les mots du vers 574, ποδώκει περιβαλὼν χαλκεύματι. Je vois que le premier Traducteur a cru pouvoir les négliger.

(*b*) Premier Traducteur : *La Furie qui affifte à tous les meurtres, s'enivrera de fang pour la troifieme fois dans la demeure des Atrides.* J'ai plufieurs chofes à dire fur la différence qui s'eft rencontrée dans nos deux verfions. D'abord, j'avois cru que

tout concoure dans le palais à l'exécution de mon projet. [*au Chœur*] Et vous, songez à faire des vœux ; sachez garder, sachez rompre le silence à propos.

la version latine avoit très-mal traduit les mots, φόνε 8χ ὑπεσπανισμένη, du vers 575, par ceux-ci : *quæ raro à cæde abeſt.* Je vois pourtant que le premier Traducteur l'a adoptée. Je croyois qu'il falloit rendre cela mot à mot, *qui ne ſe laiſſe point manquer, qui ne ſe fait pas faute*, & non pas, *qui n'eſt point abſente.* A cet égard je perſiſte encore dans mon ſentiment, & je crois que la verſion latine explique mal le mot grec. En ſecond lieu, j'avois cru qu'Eſchyle en diſant : *mais Erinnys qui ſe ne laiſſe point manquer de morts, boira un ſang* pur [ſans mélange] *pour troiſieme coup* [Car tel eſt le ſens mot à mot des vers 575 & 576, φόνε δ' Ἐριννὺς 8χ ὑπεσπανισμένη ἄκρατον αἷμα πίεται τρίτην πόσιν] J'avois cru, dis-je, qu'il employoit la même métaphore qu'au vers 1394 de l'Agamemnon, qui eſt tirée de la coutume qu'avoient les Grecs de faire à la fin du repas des libations de vin pur à pluſieurs Dieux ; & que par le ſang pur, qu'il appelle ἄκρατον αἷμα, il entendoit le ſang de Clytemneſtre, plus précieux que celui d'Egiſthe, lequel, après le ſang d'Agamemnon & celui d'Egiſthe, ſeroit le troiſieme verſé en offrande à la Furie dont il parle. J'avois penſé que ces mots, τρίτην πόσιν, ne ſignifioient point en général, *ſe mettre pour la troiſieme fois à boire largement ;* mais qu'ils étoient conſacrés à ſignifier particuliérement ce troiſieme coup qu'ils buvoient en finiſſant le repas, & dont ils faiſoient l'of-

Pylade aura l'œil fur tout le refte , & m'affurera le fuccès de ce fanglant combat.

[*Electre rentre promptement dans le palais. Orefte & Pylade vont fe préfenter à la porte , & le Chœur doit être fuppofé s'en approcher auffi , après avoir chanté ce qui fuit.*]

LE CHŒUR.

(*a*) Les airs font peuplés d'oifeaux cruels & redoutables ; les rochers de la

frande à Jupiter *Confervateur*. Je ne fais fi mon interprétation ne paroîtra pas plus analogue au génie d'Efchyle que celle du premier Traducteur.

(*a*) Le fens que j'avois préfenté dans ma verfion de ce Chœur , différe prefque par-tout de celui qu'ont adopté tous les Interprêtes. Je pourrois bien affurer qu'il eft plus lié & plus fuivi, mais il faut foumettre au jugement des Critiques la maniere dont je l'avois conçu. La difficulté ne commence qu'au vers 587.

Βλαστῦσι κỳ πεδ'αίχμιοι [pour μεταίχμιοι]

Λαμπάδ'ες πεδ'άμαροι. [pour πέδ'εροι , dit le Scholiafte.]

Πτηνά τε, κỳ πεδ'οβά-
μονα , κἀνεμοέντων
Αἰγίδ'ῶν φράσαι κότον.

· Je les traduifois mot à mot en latin : *Nafcuntur etiam media inter cœlum & terram fulgura , è terrâ*

mer recèlent dans leurs antres creux des
monftres ennemis des mortels ; les va-
peurs exhalées de la terre forment dans

in altum elata : [ce que je croyois être la fignification du mot πέδ'εροι , felon l'analogie de fa
compofition.] *Volucres quidem , & pedeftria mon-*
ftra , & procellarum ventofarum iram , confidera-
viffe , vel *cognoviffe eft ,* [parce que je fous-
entendois έστι, après le mot φράσαι.] c'eft-à-dire,
Periculum à volucribus , à monftris , à procellis il-
latum dixeris , cognoveris , dicere , cognofcere poffis ,
quantum valeat , quò procedere queat.

A l'Antiftrophe,

> Αλλ' ύπέρτολμον αν-
> δρος φρόνημα τίς λέγοι ,
> Καί γυναικῶν φρεσίν τλημόνων,
> Καί παντόλμες
> Έρωτας άταισι συννόμες ζροτῶν ,
> Ξυζύγες θ' όμαυλίας ; [mot que le Scho-

liafte explique par όμοκοιτίας.]

> Θηλυκρατής απέρω-
> τος έρως παρανικᾷ
> Κνωδάλων τε κ̀ ζροτῶν.

Mot à mot : *Sed quis mente fuâ conceperit* [en
joignant le mot φρεσίν du troifieme vers aux mots
τίς λέγοι du fecond] *audaciffimam mentem homi-*
nis , & fœminarum audentium ; & in omnia au-
daces amores , infortuniis hominum conjunctos ;
[c'eft-à-dire , *natos ad hominum infortunia*] &
conjugales coïtus ? [*conjugales* fignifie ici , non pas

les

les nues, la foudre & les tempêtes ; de ces oiseaux, de ces monstres, de ces tempêtes, on connoît jusqu'où va le danger, on peut s'en défendre.

maritales, mais simplement *conjunctos*, ou, pour parler plus clairement, *coëundi libidinem ?*] De sorte que tout cela équivaudroit à ceci : *Sed quis concipere possit quò procedere queat mens audacissima hominis, & fœminarum audentium ; & amor ad omnia promptus, natus ad hominum infortunia, & coëundi libido ?* Pour les trois derniers vers, je les rendois mot à mot : *Amor inamabilis fœminis imperans* [c'est - à - dire ; *cum imperat fœminis*] *supra vincit* [c'est - à - dire, *superat*] *bestiasque feroces & homines.* Je supposois que κυωδάλων & ἑρώτων étoient au génitif, comme régimes de la préposition παρά ; dont est composé le verbe παρανικᾷ. C'est ainsi que j'avois imaginé cette interprétation, qui ne me paroissant point forcée, avoit l'avantage de ne pas changer une lettre au texte, & me donnoit lieu de présenter une traduction qui rendoit, pour ainsi dire, mot grec pour mot françois, sans être, à ce qu'il me paroissoit, absolument inélégante. D'ailleurs, je croyois retrouver ici ce que dit Euripide dans trois endroits différens de sa Médée. 1°. vers 263. *La femme en tout le reste succombe aisément à la frayeur, est lâche, & n'ose regarder une épée ; mais veut-on lui ravir les plaisirs de l'hymen ? nul être dans la nature n'est capable d'oser davantage.* 2°. vers 330. *Hélas, hélas, que l'amour a causé de maux aux mortels !* Enfin, vers 1291. *Fatale passion des femmes pour les plaisirs de l'hymen, que*

E

Mais qui connoît jufqu'où peut aller
l'audace des humains? qui connoît ce dont
eft capable une femme hardie, & jufqu'où
peut la porter une paffion effrénée, l'a-
mour? l'amour, fait pour le malheur des
mortels ; l'amour, tyran cruel qui, s'il
affervit une fois le cœur d'une femme,
la fait furpaffer en fureur les hommes
& les animaux les plus féroces.

Faut-il en convaincre celui même que
n'a point inftruit la haute philofophie (a)?

de maux tu as fait aux mortels ! Apollonius de
Rhodes, dans fon Poëme des Argonautes, a dit
auffi au vers 446 du livre quatrieme : *Fatal amour!*
tourment & fléau cruel des humains ! c'eft toi qui
leur envoie la guerre, le deuil, les larmes, & mille
maux encore dont ils font accablés.

(a) *Faut-il en convaincre celui même que n'a*
point inftruit la haute philofophie ? J'avois traduit
mot à mot les vers 601 & 602,

> Ἴστω δ᾽ ὅστις ἐχ ὑποπτέροις
> Φροντίσιν δαεὶς,

Sciat vero, quifquis fublimibus cogitationibus non
eft edoctus. Je croyois retrouver ici le même fens
que dans cet endroit d'Euripide, au vers 962 &
fuivans de l'Alcefte :

> Ἐγὼ κ᾽ διὰ μύσας
> Καὶ μετάρσιος ἦξα, κ᾽
> Πλεῖστον ἀψάμενος λόγων,
> Κρεῖσσον ἐδ᾽ ἐν Ἀνάγκας
> Εὗρον :

qu'il songe à l'horrible projet qu'osa concevoir la malheureuse fille de Thestie

paraphrasés ainsi en latin par Grotius :

> Musarum sacra dum juga
> Sublimi pede pervolo,
> Discendique cupidine
> Sermones varios sequor,
> Nil visum mihi fortius
> Quam spectanda trabalibus
> Clavis dura Necessitas;

& dont voici le sens en françois : *Par de sublimes
efforts, j'ai parcouru les régions élevées habitées par
les Muses, & je me suis souvent instruit dans leurs
livres divins; ils m'ont appris que rien n'est au-
dessus des forces de la Nécessité.* On sait que par les
mots μύση & μυσίκη, les Grecs entendoient pres-
que toujours les Sciences, les hautes Sciences, &
même la Philosophie. Il sembloit que ces mots
d'Eschyle, ὑποπτέροις φροντίσιν δαεὶς, présentoient
absolument la même idée que ceux-ci d'Euripide, ἐγὼ κỳ διὰ μύσας κỳ μετάρσιος ἦξα ; & qu'il
s'agissoit chez l'un & l'autre poëte, de ceux qui
s'élevent par l'étude & par la réflexion à des connois-
sances au-dessus du vulgaire. Le reste de la strophe
n'a point de difficulté. Quant à l'histoire d'Althée,
fille de Thestie, elle est trop connue d'après tous
les Mythologistes [*Apollod. lib. 1, p. 31, lin. 27.*
Hyg. fab. 174. Ovid. Metam. lib. 8, vers. 445.]
pour la raconter ici. Je dirai seulement qu'Ho-
mère n'adopte point la tradition qu'Eschyle a
embrassée sur la façon dont Althée procura la
mort à son fils; mais il a mieux aimé s'en tenir
à une autre qui a l'air moins fabuleux, en di-

pour perdre fon propre fils. Elle ne crai-
gnit point d'enflammer le fatal tifon auquel les Parques avoient attaché la durée
de fa vie à l'inftant qu'il vit le jour, &
qu'il fit entendre fes premiers cris.

On fe rappelle encore avec indignation
la cruelle Scylla (a), qui féduite par l'or
des Crétois & par les dons de Minos,

fant qu'Althée demanda vengeance aux Euménides du meurtre de fon frere, que Méléagre avoit
tué. *Voyez* Homere, Iliad. l. 9, v. 563.

> Sur fon malheureux fils, cette mere irritée,
> D'un frere qu'elle aimoit, vouloit venger la mort.
> Elle frappoit la terre, en fon cruel tranfport,
> Evoquoit le trépas du fond des rives fombres,
> Et conjuroit les Dieux qui préfident aux Ombres.
>
> *Traduct. de M. de Rochefort*, l. 9, v. 570.

(a) L'hiftoire de Nifus & de Scylla eft racontée
par Ovide au commencement du huitieme livre
des Métamorphofes, & par Hygin à la 188me
fable. Ils ne difent point, l'un & l'autre, que
Scylla eût fait mourir fon pere ; ils difent feule-
ment qu'en coupant le cheveu auquel étoit attaché le deftin de Nifus & de Mégare fa patrie,
elle avoit donné la victoire à Minos, dont elle
étoit devenue amoureufe. Ici Efchyle dit qu'elle
fit mourir Nifus, non par amour pour Minos,
mais par avarice, & pour avoir les colliers d'or des
Crétois. Hygin, dans une autre fable [*la* 255me]
fe rapporte avec lui, & dit formellement qu'elle
avoit fait mourir fon pere.

fit périr, pour plaire à ses ennemis, un mortel qu'elle eût du chérir. L'impie ! elle coupa sans balancer l'immortel cheveu de Nisus endormi, & soudain Mercure l'entraîna chez les Ombres (a).

Puisque (b) nous retraçons ici ces mal-

(a) *Soudain Mercure l'entraîna chez les Ombres.* On sait que Mercure, selon les Poëtes, avoit l'emploi de mener les ames aux Enfers, au moment que les hommes cessoient de vivre. Il les y conduisoit avec une verge mystérieuse, qui lui servoit aussi à les en évoquer quand il vouloit, & dont Homere parle au second vers du vingt-quatrieme livre de l'Odyssée, & Virgile au vers 242 du quatrieme livre de l'Enéide.

> *Tum virgam capit, hac animas ille evocat orco*
> *Pallentes, alias sub tristia tartara mittit ;*
> *Dat somnos, adimitque, &c.*

De-là viennent les noms de *Conducteur*, de *Soûterrein*, que les Poëtes Grecs donnent si souvent à ce Dieu, comme nous l'avons déja vu.

(b) Cette strophe est constamment de la plus grande difficulté. Nul des Interprètes ne l'a encore éclaircie. Je ne sais si je ferai plus heureux, & si l'on adoptera l'explication que je propose. D'abord, je ne puis croire qu'Eschyle veuille parler ici de Clytemnestre & d'Agamemnon ; & si l'on persiste à penser que c'est d'eux dont il parle, je ne vois aucun moyen d'expliquer les mots ἀκαίρως δὲ, du vers 622, d'une façon naturelle. Pour moi, je pense que le Poëte veut faire mention de quelque autre crime semblable à celui de Clytemnes

heurs affreux , joignons encore [exemple trop frappant] joignons un odieux
hymen , funeſte à une famille entiere,

tre, & qui lui rappelle celui de cette princeſſe ;
peut-être celui d'Eriphyle. On ſait qu'Eriphyle
ſéduite par un préſent d'Adraſte , fut engager
Amphiaraüs ſon époux à marcher au ſiege de
Thébes , quoiqu'il dût y périr ; & je crois que le
Chœur veut dire que ce crime d'une épouſe perfide lui rappelle le crime de Clytemneſtre. Dans
cette ſuppoſition , voici comme je liſois & tra-
duiſois mot à mot cette ſtrophe :

E'πεὶ δ' ἐμνήσαμενάμ ειλίχων
Πόνων , [ſubaud. λεγῶμεν] ἀκαίρως δ' ,
δυσφιλὲς γαμή-
λευμ᾽ , ἀπεύχετον δόμοις ,
Γυναικοβύλας τε μήτιδας φρενῶν
E'π᾽ ἀνδρὶ τευχεσφόρῳ.

Quoniam autem r cordati ſumus gravium facinorum,
[ſubaud. recordemur] inopportunè forſan , odioſi
conjugii , domui totæ abominandi , & inſidioſorum
conjugis conſiliorum , adverſus conjugem bellicoſum.
Mais puiſque nous rappellons ces horribles forfaits,
[ſous entend. rappellons] peut-être mal à propos ,
un odieux hymen , funeſte à toute une famille , &
les embuches dreſſées par une épouſe à ſon époux
vaillant. Voilà pour la premiere partie de la premiere ſtrophe , où je ne faiſois aucun changement au texte , que de mettre un point après le
cinquieme vers , au lieu d'une virgule. Car pour
le mot *rappellons* , que je ſous-entends , tous les

& les embûches qu'une époufe ofa dreffer
à un époux vaillant & courageux. Qu'un
homme fe venge avec courage de fes ennemis , c'eft-là fa gloire & fa grandeur :
l'honneur d'une femme eft de régler en
paix fa maifon ; que jamais elle n'ofe armer fes mains !

Mais le plus abominable crime eft celui dont Lemnos fut témoin : il excite
par-tout l'horreur & l'indignation. Que

Interprètes , & le Scholiafte lui-même, conviennent qu'il eft néceffaire de le fous-entendre , de
quoique ce foit que veuille parler le Poëte. Enfuite,

Ε'π' ανδρι δηίοις επικότω σέβας·
Τιω δ' αθέρμαντον εστίαν δόμων ,
Γυναικείαν [fubaud. τε] ατολμον αιχμάν.

*Viro adverfus inimicos irato , gloria. Sed honoro
placata penetralia domus , & fœminarum haftam
non audacem. Honneur à l'homme qui fe venge
de fes ennemis ; mais je veux que l'intérieur d'une
maifon foit en paix , & que les armes des femmes
n'ofent rien , c'eft-à-dire , que les femmes n'ofent
point armer leurs mains.* Ici je ne faifois d'autre changement que de retrancher avec tous les
Interprètes le ν , qui fe lit à la fin du mot τιων
δ' , au vers 628. Pour défendre mon interprétation de la feconde partie, j'ai l'autorité du commentateur Anglois , avec lequel je me fuis rencontré ; mais pour la premiere , je n'en ai aucune,
c'eft ma propre conjecture que je foumets au jugement des critiques.

peut-on comparer aux forfaits que cette
Ifle a vu commettre (*a*) ? Auffi la race
entiere, dont l'odieux facrilege avoit irrité
les Dieux, également abhorrée des mortels, a difparu de la terre (*b*) ; car l'en-
nemi des Dieux devient celui des hommes.

De ce terrible exemple que ne dois-
je point augurer? Le glaive tranchant de
la Vengeance menace de près deux têtes
criminelles (*c*). Les forfaits ne reftent

_____

(*a*) J'avois mis un point d'interrogation à la
fin du vers 632, ἔικασε δέ τις τὸ δεινὸν ἀυ Λημνίοισι
πήμασι ; & ce changement plus fimple, à ce qu'il
me paroiffoit, que celui de ἀυ, en ἀν, propofé
par tous les Interprètes, donnoit mot à mot ce
que j'avois dit dans la traduction.

(*b*) *Auffi la race entiere*, &c. J'avois cru que
les vers 633 & 634,

> Θεοςτυγήτῳ δ' ἄχει
> Βροτῶν ἀτιμωθὲν ἄιχεται γένος,

pouvoient être rendus mot à mot de cette façon,
mais la race en a péri, [en rapportant le mot
grec γένος, aux Lemniennes] *par une calamité envoyée par la haine des Dieux, méprifée des humains.*

(*c*) Il y a mot à mot : *un glaive aigu eft pouffé
de près par la juftice contre les poulmons* [des *criminels*, s'entend] & *ces criminels* ne font autre
qu'Egifthe & Clytemneftre. C'eft la fuite de ce
qu'il vient de dire : *de la punition des Lemnien-*

point impunis. Jupiter fut outragé par un parricide (*a*) ; mais les fondemens de fa juftice font inébranlables. La Parque aiguife fes traits , elle ramene un fils dans cette maifon ; & la Furie vengereffe , qui n'oublie point les coupables , vient demander compte d'un fang verfé depuis longtemps (*b*).

nes , *que ne dois-je point augurer ?* On reconnoît, ce me femble , quelque chofe de la penfée d'Efchyle dans ce vers françois :

La vengeance affoupie eft au jour du réveil.

Volt. Orefle , act. 3. fc. 2,

(*a*) Il y a mot à mot : *Ils ont violé la majefté de Jupiter contre les loix.* Comme ils l'avoient violée par un parricide & par un adultere, j'avois mieux aimé fpécifier le crime le plus fort.

(*b*) J'ai fuivi ici la ponctuation & l'interprétation de Stanley.

ACTE III.

SCENE PREMIERE.

LE CHŒUR, ORESTE, PYLADE. [*Ils frappent à la porte du Palais.*]

ORESTE.

Esclaves, répondez - moi...... [*Il frappe une seconde fois.*] Encore un coup, n'y a-t-il donc perfonne dans cette maifon?.... [*Il frappe une troifieme fois.*] Pour la troifieme fois je demande celui qui doit être chargé du foin de recevoir les étrangers, fi Egifthe connoît les loix de l'hofpitalité (a).

(a) Premier Traducteur : *Gardes d'Egifthe répondez-donc, ce Prince eft-il acceffible ?* Je n'avois pas cru qu'on dût adopter la verfion latine lorfqu'elle rend le mot ἔιπερ, du vers 654, par *utrùm*, qui ne me paroiffoit nullement être la fignification du mot grec., & qui exigeoit de plus un point d'interrogation qui n'eft point dans le texte. Je vois pourtant que le premier Traducteur l'a fuivie. Je perfifte dans ma façon de penfer, &

SCENE II.

LES MÊMES, LE PORTIER.

LE PORTIER.

ME voici. Etrangers, qui êtes-vous?

ORESTE.

Allez m'annoncer à vos maîtres, ce sont eux que je cherche ; je leur apporte des nouvelles intéressantes. Ne tardez pas. Déjà le char ténébreux de la nuit approche, il est temps pour des voyageurs de s'arrêter chez des hôtes favorables. Faites venir celle qui gouverne cette maison, celle à qui on obéit (*a*). Ou

je crois que le mot ἐκπέραμα étoit mieux rendu dans ma version, qu'il ne l'est par le mot de *gardes*. Le Scholiaste nous apprend qu'on appelloit ainsi une espece de Portier chargé de répondre aux étrangers. Je ne sais d'ailleurs si le mot φιλόξενος est aussi bien rendu par le mot *accessible*, que par ceux dont je m'étois servi. Il me semble qu'en rendant le texte littéralement, comme j'avois fait, on trouve le sens naturel que j'avois présenté, & que la version latine dérange gratuitement.

(*a*) Premier Traducteur : *Qu'on m'envoie une femme de confiance.* Il est vrai que cela pourroit

plutôt, faites venir le maître lui-même; car alors ce respect qu'on a toujours pour le sexe, ne met point de contrainte dans les discours (*a*) : un homme devant un homme, s'explique librement & parle sans détour.

[*Le Portier rentre, & fait venir Cly-temnestre.*]

être le sens des mots γυνὴ τελεσφόρος, τόπαρχος, & que le mot τις paroît même déterminer ce sens ; mais comme c'est Clytemnestre que le Portier va chercher sur le champ pour répondre aux étrangers, il m'avoit paru clair que ces mots vouloient dire ce que j'avois mis dans ma traduction. De plus, c'est leur signification littérale.

(*a*) Premier Traducteur : *Je lui parlerois avec plus de liberté.* J'avois cru devoir traduire littéralement le vers 663, αἰδὼς γὰρ ἐν λεχθεῖσιν ἐκ ἐπαργέμας λόγας τίθησιν, qui n'avoit point été entendu, ce me semble, jusqu'ici par aucun Interprète, & qu'il me paroît que le premier Traducteur a omis. Il me sembloit qu'il n'avoit aucune difficulté, si on vouloit sous-entendre un mot tel que τότε, qui signifiât *alors* ; mais il m'avoit fallu rendre le mot αἰδώς, par une périphrase ; le mot seul de *pudeur*, qui lui répond, n'auroit pas été assez clair.

SCENE III.

LE CHŒUR, ORESTE, PY-
LADE, CLYTEMNESTRE,
ELECTRE.

CLYTEMNESTRE.

ETRANGERS, dites ce que vous demandez; vous trouverez ici tout ce que vous
avez droit d'attendre, des bains, des lits,
tout ce qui peut vous faire oublier vos
fatigues, & sur-tout des hôtes justes
& bienveillans. Si quelque affaire plus
importante vous amene ici, ce soin
regarde mon époux, & je l'en instrui-
rai.

ORESTE.

Je suis Phocéen de Daulis. Je venois à
Argos, chargé de mon propre bagage.
J'ai rencontré un homme qui m'étoit in-
connu, mais qui m'a dit lui-même être
Strophius le Phocéen. Après m'avoir de-
mandé où j'allois, & m'avoir instruit de
la route, il a ajouté : « Etranger, puisque
» vous allez à Argos, souvenez-vous de dire
» aux parens d'Oreste que ce Prince est
» mort; gardez-vous de l'oublier. A votre

» retour , vous m'apprendrez ce qu'ils
» auront décidé ; s'ils veulent qu'on le
» rapporte à Argos , ou bien s'il faut
» l'enfevelir pour jamais dans la terre
» étrangere où il avoit trouvé l'hofpita-
» lité ; car pour ce moment , fa cendre
» honorée du jufte tribut de nos lar-
» mes (a) , eft enfermée dans une urne
» d'airain. » Je vous rends ce qu'il m'a
dit. J'ignore fi je parle , en ce moment ,
à ceux qu'un tel foin regarde (b) ; mais
il eft jufte que les parents d'Orefte foient
inftruits de fon fort.

E L E C T R E.

O malheureufe , je fuis perdue fans

(a) Premier Traducteur : *bien digné de nos regrets*. Il me femble que j'avois mieux rencontré
la vraie fignification du texte , qui dit mot à mot :
qui a été pleuré comme il devoit l'être , εὖ κεκλαυμένε.
J'aurois pu rendre les derniers mots de ce paffage
par ce vers françois :

Une urne , de ce Prince , enferme ce qui refte.
           Longepier. Electr. act. 3 , fc. 4.

(b) Premier Traducteur : *J'ignore à qui je parle.*
Quoique cela foit plus concis , je croirois néanmoins que ma verfion faifoit mieux connoître ce
que dit le texte , dont le fens eft mot à mot : *Si
je parle à ceux dont cela eft propre , & qui font
pertinens pour cela , je l'ignore.* εἰ δὲ τυγχάνω τοῖς
κυρίοισι κ̃ προσήκεσιν λέγων, ἐκ οἶδ'α.

reſſource ! o démon vengeur acharné ſur cette famille ! rien ne peut t'échapper ; tes traits inévitables ont atteint ceux même que leur éloignement devoit en préſerver. Oreſte ſe tenoit prudemment dans un port aſſuré contre la tempête ; tu le frappes aujourd'hui, & tu détruis l'eſpoir conſolateur qui reſtoit à cette maiſon, de voir luire enfin les jours de la joie (a).

ORESTE.

C'étoit en apportant d'heureuſes nouvelles, que j'euſſe deſiré me faire connoître à des hôtes ſi reſpectables, & mériter d'eux l'hoſpitalité ; car un hôte peut-il manquer de bienveillance pour ſes hôtes (b) ? Mais je me ſerois fait un crime

(a) J'ai adopté l'idée du commentateur Anglois, qui pour expliquer aſſez commodément les vers 694, 695, 696, 697, mal entendus juſqu'ici, n'a eu beſoin que de changer la parenthéſe qui n'enferme que les mots ἦν γὰρ εὐϐύλως ἔχων, & d'y comprendre le mot Ὀρέστης, qui précéde, avec tout le vers 695. A l'égard des mots παρᾶσαν ἐγγράφει, je crois d'après Budé [pag. 587 de ſes Commentaires] qu'on pourroit les traduire mot à mot : *Il* [ce démon] *confiſque notre eſpérance qu'il a ſaiſie.* Il a prouvé que cette façon de parler étoit la même que chez les Latins *fiſco addicere.*

(b) Premier Traducteur : *On eſt toujours bien accueilli avec des nouvelles flatteuſes.* Je n'avois pas

de ne point inſtruire d'un pareil événement ceux qu'il intéreſſe ; l'ayant promis , & trouvant chez eux un accueil
obligeant (a).

CLYTEMNESTRE.

Vous n'en ſerez pas moins traité comme vous le méritez , & vous n'en ſerez
pas vu d'un œil moins favorable (b). Tôt
ou tard quelqu'autre nous eût inſtruits.
Mais il eſt temps que des voyageurs fa-
tigués d'une longue journée , trouvent à

cru que le vers 701., τί γὰρ ξένε ξένοισίν ἐστιν ἐυμε-
νέστερον , pût être entendu d'une maniere différente de celle dont je l'avois entendu ; & j'avois
cru que la verſion latine ne pouvoit être adoptée
en aucune façon , lorſquelle le rend par ces mots;
Quid enim hoſpiti hoſpites benigniores facit ? Je
vois pourtant que le premier Traducteur a ſuivi
cette interprétation.

(a) Le premier Traducteur a omis le vers 704,
καταινέσαντα ἢ κατεξενωμένον. Peut-être a-t il penſé
que ce vers n'étoit ſufceptible d'aucun ſens. Il eſt
vrai que la verſion latine , en rendant ridiculement
le mot καταινέσαντα par le mot *collaudantem* , n'en
préſente aucun ; mais ce mot doit ſe rendre par
ceux-ci , *cum promiſerim , cum annuerim , cum con-
ditionem annuerim.*

(b) Premier Traducteur : *Ils ne vous en recevront
pas avec moins d'empreſſement.* Cela eſt bien plus
concis ; mais j'avois voulu rendre le vers 705 ,
qu'il a cru pouvoir omettre , ἤτοι κυρήσεις μεῖον
ἀξίως σέθεν.

ſe

fe délaffer. [_A quelqu'un de fa fuite_]
Efclave, menez‑le dans le lieu deftiné à
recevoir les hôtes ; conduifez auffi celui
qui l'accompagne & voyage avec lui (_a_).
Je vous en charge, & vous m'en rendrez
compte (_b_). Et nous, allons inftruire le
maître de ces lieux, & délibérer avec ceux

(_a_) Premier Traducteur : _Menez‑les avec leur
fuite._ Je vois qu'il a traduit le vers 711 , tel qu'il
fe lit : ὀπισθόπους δὲ τάσδε κ̀ ξυνέμπόρους. Pour moi,
j'avois cru qu'il falloit lire : ὀπισθόπων δὲ τόνδε κ̀
ξυνέμπόρον. C'eft une correction propofée par Paw,
& très‑bien juftifiée , contre l'ordinaire de ce
Commentateur , puifqu'elle prévient une incon‑
féquence. Il eft clair, en effet, par les vers 558
& 673 , où Orefte parle de lui‑même : ξένω γὰρ
ἐμῶς, παντελῆ σάγην ἔχων, & στείχοντα δ' αὐτόφορτον
οἰκεία σάγη · il eft clair, dis‑je, qu'il n'a d'autre
fuite que Pylade. D'ailleurs , il eft d'autant plus
permis de corriger ce vers, qui met l'Auteur en
contradiction avec lui‑même, qu'il n'eft pas cer‑
tain qu'il foit effectivement de lui ; puifqu'il ne
fe lit pas dans les éditions d'Alde, de Turnébe &
de Robortel.

(_b_) Premier Traducteur : _Servez‑les comme fi_
vous étiez leur efclave. Je vois qu'il a adopté la
verfion latine qui rend les mots du vers 713 ,
ὡς ὑπευθύνῳ, par ceux‑ci : _tanquam eorum famulo._
Pour moi, j'avois cru que c'étoit une faute, &
que ces mots ne pouvoient fignifier autre chofe
que ceci : _tanquam reddendis rationibus obnoxio._

F

qui s'intéreffent à nous, fur ce nouvel événement.

[*Orefte , Pylade , Clytemneftre & Electre rentrent dans le palais ; mais il faut fuppofer que Clytemneftre & Electre y rentrent par une porte différente.*]

S C E N E I V.

L E C H œ u r.

ALLONS , cheres compagnes, montrons ici que nous faurons bien garder le fecret d'Orefte (*a*). O vénérable Terre! o Tombe refpectable, qui couvrez la cendre du roi qui commanda jadis à mille vaiffeaux,

(*a*) Premier Traducteur : *Faifons à préfent des vœux pour Orefte.* J'avois cru que par les vers 718. & 719,

Πότε δὴ στομάτων

Δείξομεν ἰσχὺν ἐπ' Ὀρέστῃ

qui fignifient mot à mot , *il faudra montrer la force de nos bouches en faveur d'Orefte ,* le Chœur entendoit qu'il falloit avoir la force de garder le fecret d'Orefte , & de faire ce qu'il lui avoit recommandé, vers 580. σιγᾶν θ' ὅπȣ δεῖ, κỳ λέγειν τὰ καίρια. *Se taire quand il le faudroit , & parler à propos.*

écoutez nos vœux ; protégez Oreste !
voici l'instant où la fraude & la ruse doivent le servir ; où le Dieu des Ombres,
Mercure soûterrein , doit le mener lui-
même à ce sanglant combat.

[*Elles apperçoivent quelqu'un qui sort
du palais , aussitôt elles changent de
discours.*]

Cet étranger n'aura porté ici que le
deuil (a).

—————————————————

SCENE V.

LE CHŒUR, GYLISSE, *Nour-
rice d'Oreste.*

LE CHŒUR.

JE vois la nourrice d'Oreste baignée de
larmes. Gylisse , où courez - vous ? La

(a) Le texte met à la tête du vers 728 & des
trois suivans , le nom d'un esclave , mais cela me
paroît inutile. Il est bien plus naturel que ce soit
le Chœur lui-même qui fasse la premiere question
à la nourrice qu'il voit sortir ; puisqu'après la
réponse de cette nourrice , c'est lui qui dialogue
avec elle, & qu'on ne sauroit pas d'où viendroit
cet esclave , ni pourquoi il se trouveroit-là , ni où
il iroit.

douleur qui vous accompagne éclate mal‑
gré vous (*a*).

GYLISSE.

Celle qui reçoit ces étrangers , m'or‑
donne de chercher Egifthe fans tarder ,
afin que lui-même apprenne , avec certi‑
tude de leur bouche , la nouvelle qu'ils
ont apportée. Devant fes efclaves elle a
caché , fous un vifage trifte , la joie que lui
donne cet événement. Ces hôtes ont com‑
blé fon bonheur , & le malheur de cette
famille. Certes Egifthe pourra s'abandon‑
ner à la joie en écoutant ce récit (*b*).

(*a*) Premier Traducteur : *La douleur qui vous*
accompagne ne fera pas vue de bon œil. Cette dif‑
férence vient de la façon dont nous avions en‑
tendu le mot ἄμισθος du vers 731. Il peut figni‑
fier , *qui ne vous fera point payée,* ou *que vous*
n'avez point payée. Ce qui m'avoit déterminé au
fecond fens , c'eft qu'Efchyle emploie ce mot ail‑
leurs , dans une occafion où il ne peut pas avoir
une autre fignification , & où je m'étois rencontré
avec le premier Traducteur.

(*b*) Le premier Traducteur a ajouté , *Avec*
quel plaifir il demandera toutes les circonftances de
cette mort ! Je ne vois rien dans le texte qui ait
rapport à cela. Entre les mots , ἢ δὴ κλύων ἐκεῖνος
εὐφρανεῖ νέον , εὖτ' ἂν πύθηται μῦθον , qu'il a rendus par
ceux-ci : *Quelle fatisfaction pour l'ufurpateur lorf‑*
qu'il entendra ce récit ! & que j'avois traduits : *Certes*
Egifthe pourra s'abandonner à la joie en écoutant ce

Ah malheureuſe (*a*) ! les maux affreux accumulés depuis longtems dans le palais des Atrides , avoient bien affligé mon cœur ; mais je n'en avois pas encore éprouvé de pareils. Mon courage m'avoit fait ſupporter tous les autres ; mais mon

récit : entre ces mots , dis-je , & les mots ὦ τά-λαιν᾽ ἐγώ , que nous rendons tous de même , *ah malheureuſe* , il n'y a rien du tout.

(*a*) Je ne ſais ſi j'aurai réuſſi à rendre le langage ſimple & naturel qu'Eſchyle fait tenir ici à la nourrice. Ceci eſt à mon gré un des endroits qui décident du génie de cet Auteur, la maniere dont il copie la nature eſt inimitable ; & l'on a peine à concevoir que le Poëte énergique & terrible qui ſemble n'être fait que pour peindre la haine , la fureur , & la vengeance des Dieux & des rois , puiſſe varier ſes couleurs au point de peindre avec cette vérité la douleur ſimple , naturelle & touchante d'une femme du peuple. Oui , je le répete avec le premier Traducteur, Eſchyle a inventé à la fois & preſque perfectionné la Tragédie. Il n'y a aucune partie dont il n'ait donné le modéle. Chacune de ſes pièces ne réunit pas toutes ces parties également parfaites ; mais il y a dans tous les genres , ſans exception , des beautés qui n'ont point encore été ſurpaſſées. S'il ne faut eſtimer que les pièces dont toutes les parties , expoſition , conduite , intérêt , verſification , &c. ſont parfaites ; brûlons toutes les Tragédies, & ne gardons qu'Œdipe chez les Grecs, & Athalie chez les François.

F iij

cher Orefte...... Orefte , l'affeċtion de
mon cœur. ... Orefte , que j'avois nourri
dès qu'il avoit vû le jour.... Voir devenues inutiles tant de nuits employées à
veiller fur fes befoins. ... Tant de peines
& de fatigues perdues...... Car il faut
mille attentions pour nourrir l'enfant
dépourvu de raifon comme les animaux.
Il ne peut rien exprimer dans fon ber-
ceau , foit que la faim , la foif , ou
quelqu'autre néceffité le preffe. Le foible inftinċt auquel il obéit , eft tout ce
qui le guide. Hélas ! nourrice & gouvernante , l'une & l'autre font bien trom-
pées dans leurs foins (a) ! l'une & l'autre en reçoivent le même prix. Ce double
office , c'eft moi qui en avois été chargée,

(a) Je n'ai pas trouvé d'expreffion fupportable
en françois pour rendre à la lettre, παιδὸς σπαρ-
γάνων φαιδρύντρια γναφεὺς· ce qui veut dire mot à
mot : *la laveufe qui nettoyoit les langes de l'enfant ;*
& j'avoue que le mot *gouvernante* , eft un équiva-
lent bien foible. Au refte , le fens que j'avois
donné à cet endroit , n'eft pas celui que lui donnent les Interprètes ; mais j'ai traduit mot à mot,
à l'exception des quatre mots cités. Il me paroît
que mon fens eft naturel. πολλά , que la verfion
latine rend par *fæpe* , peut tout auffi bien fe
rendre par *multùm ;* & τέλος qu'elle rend par *finem,*
fin , *objet* , peut tout auffi bien fe rendre par
pretium , *prix* , *récompenfe.*

en recevant Orefte des mains de fon pere ;
& maintenant , infortunée ! j'apprends
qu'il n'eft plus..... Mais, allons trouver
celui qui a fait tous nos malheurs. Ah ! c'eft
avec bien du plaifir qu'il m'écoutera.

LE CHŒUR.

(*a*) Mais comment a-t-elle ordonné
qu'il vînt ?

GYLISSE.

Comment ? expliquez-vous , je ne vous
entends pas.

LE CHŒUR.

Oui feul , ou bien avec fes gardes ?

GYLISSE.

Elle le mande avec la fuite armée qui
l'accompagne ordinairement.

LE CHŒUR.

Gardez-vous d'amener ainfi ce maître
odieux ; mais qu'il vienne feul & fans
crainte apprendre la nouvelle. Portez lui
ce meffage avec joie & avec célérité ;
car , malgré les apparences , il fera pour
vous la fource du bonheur (*b*).

(*a*) Le premier Traducteur a omis les vers 764
& 765 , alternatifs entre le Chœur & la Nourrice.

(*b*) Le premier Traducteur a omis le vers 771 ,
ἐν ἀγγέλῳ γὰρ κρυπτὸς ὀρθώσῃ φρενί. Ce vers eft très-
difficile. La verfion latine ne préfente aucun fens.

GYLISSE.

Y penfez-vous ? après ce que nous venons d'apprendre....

LE CHŒUR.

Mais fi Jupiter vouloit enfin détourner nos maux.

GYLISSE.

Eh comment ? Orefte eft mort, & tout notre efpoir avec lui.

LE CHŒUR.

Pas encore ; celui qui le croit ainfi, lit mal dans l'avenir.

GYLISSE.

Que dites-vous ? Seriez-vous mieux inftruite que nous ?

LE CHŒUR.

Allez, faites ce qui vous eft ordonné ; laiffez au Ciel le foin d'accomplir fes deffeins.

GYLISSE.

Je vais donc, & vous obéis. Puiffent les Dieux nous regarder favorablement !

Pour tirer de ce vers le fens que préfentoit ma traduction, je le rendois ainfi en latin : *In nuntio enim*, [c'eft-à-dire, *nuntiando enim*] *occulta* [c'eft-à-dire, *occultè*, ou *contra fpem*] *mente fuccedes* [c'eft-à-dire, *mens tua contenta erit*].

S C E N E VI.

LE CHŒUR.

MAINTENANT, Souverain de l'Olympe, exauce mes vœux ! fais que mes juftes de-firs aient leur entier accompliffement (a) ! tu fais pour qui je t'implore, o Jupiter ! protége-le, grand Dieu ; éleve-le au-deffus de fes ennemis dont cette maifon eft remplie. Si tu lui prêtes ton invincible appui (b), il leur fera fentir tout le poids de fa vengeance (c).

Tu vois le fils d'un homme qui te fut cher, enchaîné au char de l'infortune.

(a) Dans les vers 783 & 784,

— Τυχεῖν δέ μοι κυρίως
Τὰ σώφροσιν εὖ μαιομένοις ἰδεῖν, &c.

il me femble qu'il n'y a d'autre difficulté que le changement de nombre, μοι, σώφροσιν εὖ μαιο-μένοις. C'eft toujours le Chœur. Il parle de lui-même, tantôt au fingulier, tantôt au pluriel.

(b) C'eft une périphrafe : ἐπεί μιν μέγαν ἄρας, eft mis pour ἐπεί σῦ μιν μέγαν ἄραντος. La conftruc-tion eft hardie, toutefois il y en a des exemples.

(c) Mot à mot : *Il les punira volontiers au dou-ble & au triple.*

Modere l'excès de fes travaux. Pourra-t-il fournir jufqu'au bout fa pénible carriere? Le verrons-nous toucher enfin au terme defiré de fes peines (*a*) ? Et vous , habitans de ces vénérables foyers , Dieux bienfaifans , écoutez-nous ! voici votre jour ; vengez ceux dont jadis on verfa le fang.

Mais que la mort ceffe d'engendrer la mort dans ce palais. Les derniers coups qui vont être portés feront juftes & mérités. Dieu de Delphes (*b*) , fais qu'Orefte rentre dans fon palais , & que nos

(*a*) C'eft une périphrafe , mais elle ne me paroît pas trop éloignée des mots du texte , qui dit à la lettre en continuant la métaphore commencée : *Qui fera enforte* [car il faut fous-entendre le mot δοίη après le mot τίς du vers 795] *qu'en gardant la mefure , il entre enfin dans cette remife affurée , objet de fes defirs , après avoir parcouru fa carriere de maux ?*

$$\tau \acute{\iota} \varsigma \; \grave{\alpha} \nu \; [\text{fubaud.} \; \delta o \acute{\iota} \eta] \; \sigma \omega \zeta \acute{o} \mu \varepsilon \nu o \nu \; \dot{\varrho} \upsilon \theta \mu \grave{o} \nu$$

$$\mathrm{T} \tilde{\omega} \tau' \; \grave{\iota} \delta \epsilon \tilde{\iota} \nu \; \delta' \acute{\alpha} \pi \epsilon \delta o \nu ,$$

$$\mathrm{A} \nu o \mu \acute{\epsilon} \nu \omega \nu \; \pi \eta \mu \acute{\alpha} \tau \omega \nu , \; \acute{o} \varrho \epsilon \gamma \mu \ddot{\alpha} ;$$

je fuppofe que ἀνομένων πημάτων eft au génitif abfolu , entre deux parenthefes.

(*b*) Le Commentateur anglois a très-bien prouvé que le vers 805 ; ὦ μέγα ναίων ϛόμιον , devoit s'entendre d'Apollon , & non de Pluton , par les différens paffages de Strabon , de Dion Caffius &

yeux le voyent enfin libre, & forti des
ténèbres épaisses qui l'environnent! Que
le fils de Maïa se joigne à toi pour lui
prêter un juste secours, & favoriser ses

d'Eschyle lui-même, où le siege des oracles d'A-
pollon est appellé στόμιον. Je n'ai point adopté
toute son interprétation, ni ses corrections pour
le reste de ce Chœur. Je vais mettre sous les yeux
la version latine, telle que je l'avois conçue mot à
mot sans rien changer au texte, qu'on pourra comparer depuis le vers 805, jusqu'au vers 837. *O
magni habitator oris, fac ut bene videat* [Orestes]
*domum suam, & illum amicis oculis videamus liberè
& lucidè,* [pro *liberum & lucidum*] *ex obscuris te-
nebris! Justè verò filius Maïæ faventissimus suscipiat
volens* [cùm Apolline] *ad prosperum successum !
Multa sæpe apparet* [Apollo] *oracula reddens ob-
scura, & verbum intellectu difficile edens; noctem &
tenebras ante oculos præfert, interdiu nihil manifes-
tior. Tunc vero* [id est, *si res bene succedat*] *divitias
propter ædium liberationem oblatas proferemus, si-
mulque fœmineum ad cœlum tendentem stridulum do-
lorum cantum per urbem.* [Ad lugendum scilicet
Agamemnonem qui huc usque indeploratus fuerat,
sicut ipse dixit v. 509 τῆς ἀνοιμώκτε τύχης]. *res quæ
bene evenient,* [id est : *si res bene eveniant*] *meum,
meum hoc erit lucrum, & malum aberit ab amicis
meis. Tu vero* [Orestes] *confide, quando operis hora
advenerit, inclama* [id est : *exprobra*] *facinus patris*
[pro *in patrem*] *dicenti tibi hoc verbum matris* [id
est, *matri conveniens*] : *fili ! perfice abominandam
vindictam ; Perseum* [id est, *inflexibile*, quia Perseus
omnia ostento Gorgonis capite in Saxa mutabat]

projets ! Trop fouvent tes Oracles ont un
fens caché ; tes paroles font inexplica-
bles ; elles font enveloppées pour nous
d'une nuit obfcure, qu'aucune lumière ne
fauroit diffiper. Mais fi tu lui donnes la
victoire , nous t'enrichirons de nos offrandes , & nous pourrons honorer de
nos larmes le tombeau de notre roi. Le
fuccès d'Orefte fera notre bonheur , &
fera la fin des maux d'une famille que
nous aimons. Et toi , cher Prince , raf-
fermis ton courage , lorfque l'inftant de
frapper fera venu...... Si elle te dit :
Mon fils , c'eft ta mere qui te prie ;
rappelle ce qu'elle ofa contre ton pere ;
acheve une horrible vengeance ; endurcis
ton cœur ; rends à l'ombre qui t'eft chere,
aux vivans que tu hais , ce que leur doit
ta colere ; fais couler le fang ; immole
de coupables affaffins.

cor retine ; mortuis caris , & vivis , remunerationis
luctuofum debitum repende , fanguinem intus pone ,
& authorem necis perde.

TRAGÉDIE.

ACTE IV.

SCENE PREMIERE.

LE CHŒUR, EGISTHE, GYLISSE (a).

EGISTHE.

On est venu me chercher, & je suis accouru (b). J'apprends que des étrangers arrivés ici, répandent la nouvelle de la fin déplorable d'Oreste. Cette mort, si elle est annoncée dans le palais, peut ajouter un nouveau poids au trouble & à la douleur qu'y cause déja le souvenir de celle du roi. Mais comment puis-je m'assurer de la vérité d'un pareil discours? Peut-être ces bruits légérement adoptés par des femmes craintives tomberont-ils bientôt?

(a) J'avois substitué la nourrice à un esclave, que les éditions grecques font paroître avec Egisthe. Comme c'est elle qui l'a été chercher, il me paroissoit naturel qu'il arrivât en s'entretenant plutôt avec elle qu'avec un autre.

(b) Le premier Traducteur a omis le vers 838.

Qu'avez-vous de pofitif à me dire (*a*) ?

GYLISSE.

C'eft une nouvelle qu'on m'a dite ; mais entrez pour l'apprendre vous-même de ces étrangers. Il ne faut point écouter des rapports, quand on peut foi-même tout entendre.

EGISTHE.

Oui, je veux les interroger , & favoir s'il ont eux-mêmes été témoins de fa mort, ou fi c'eft un bruit mal fondé. Ils ne pourront tromper ma pénétration.

[*Il entre avec Gyliffe.*]

SCENE II.

LE CHŒUR.

O JUPITER ! que dois-je dire ? par où commencerai-je mes prieres & mes fupplications ? comment pourrai-je exprimer tous mes defirs ? Voici l'inftant où le fer meurtrier va être rougi de fang. Bientôt, ou la famille d'Agamemnon fera perdue fans reffource , ou nous verrons luire le

---

(*a*) Premier Traducteur : *Quelles font là-deffus tes conjectures ?* J'avois cru que les mots du v. 847 ὥστε δ'ηλῶσαι , ne pouvoient fignifier que : *pour rendre la chofe claire & manifefte.*

jour de la liberté'; & Orefte occupera le trône, glorieux héritage de fes peres (a). Tel eft le prix du combat qu'il va livrer feul à deux facriléges affaffins. Grand Dieu, donne-lui la Victoire!

E G I S T H E, *derriere le Théâtre.*

Hélas, hélas, ah Dieux!

L E C H Œ U R.

Frappez, redoublez..... [*Ils voient quelqu'un qui fort du palais*] Qu'y a-t-il? que fe paffe-t-il dans le palais?.... [*à part*] Sans doute c'en eft fait, & le combat eft terminé; éloignons-nous, afin de paroître n'y prendre aucune part.

(a) Voici comme j'expliquois mot à mot le texte fans changer autre chofe que la ponctuation: *Ou bien allumant les feux & tés flambeaux pour la liberté, il [Orefte] aura le gouvernement de la ville, glorieufe richeffe de fes peres.*

Ἢ πῦρ ᾗ φῶς ἐπ' ἐλευθερίᾳ
Δαίων, ἀρχάς τε πολισσονόμες
Ἕξει, πατέρων μέγαν ὄλβον.

SCENE III.

LE CHŒUR, UN ESCLAVE,

[ou Officier , qui fort d'un côté où eft entré Egifthe , & va frapper à l'appartement de la reine , auquel on doit fuppofer que conduit une porte différente de celle par laquelle Egifthe eft entré.]

L'ESCLAVE.

AH ! malheureux , malheureux ! mon maître eft mort !... Ah trois fois malheureux (*a*) ! Egifthe n'eft plus !.... Mais ouvrez vîte , ouvrez l'appartement des femmes..... Dépêchez...... Ce n'eft pas pour fecourir Egifthe...... Hélas ! il n'eft plus temps..... Ouvrez donc.... Perfonne n'entend.... Ils femblent endormis ,.... & mes cris font inutiles.... Où donc eft Clytemneftre ? que fait-elle ? Ah ! bientôt fa tête va tomber auffi fous le glaive de la vengeance.

(*a*) Le premier Traducteur a omis le vers 876.

SCENE

SCENE IV.

LE CHŒUR, L'ESCLAVE, CLYTEMNESTRE.

CLYTEMNESTRE.

Qu'y a-t-il ? d'où viennent ces cris ?

L'ESCLAVE.

Ceux qu'on difoit morts, ont tué les vivans (a).

CLYTEMNESTRE.

Ah ! Dieux, j'entends cette énigme. La rufe nous perd comme elle nous avoit fervis...... Allons, donnez - moi une hache.... quelque arme..... puifque j'y fuis réduite, voyons à qui demeurera la victoire.

(a) Premier Traducteur : *Les morts reffufcitent, les vivans meurent.* Il me femble que cela ne dit pas la même chofe que le texte, qui fignifie mot à mot ce que j'avois mis dans ma verfion : τὸν ζῶντα καίνειν τὲς τεθνηκότας λόγῳ.

G

SCENE V.

LE CHŒUR, CLYTEMNESTRE, ORESTE [*une épée à la main.*]

ORESTE.

C'est vous que je cherche ; pour Egifthe , c'en eſt fait.

CLYTEMNESTRE.

Ah ! malheureuſe ! cher Egiſthe, tu n'es plus !

ORESTE.

Vous l'aimez donc encore ? Eh bien , allez dans le même tombeau. Soyez-lui fidèle même après ſa mort.

[*Il la ſaiſit & veut la tuer.*]

CLYTEMNESTRE.

Arrête , o mon fils , [*elle découvre ſon ſein*] reſpecte le ſein où tu ſuças le lait qui t'a nourri , où tu repoſas ſi ſouvent (*a*).

(*a*) Le premier Traducteur a omis le vers 897 πρὸς ᾧ σὺ πολλὰ δ'ἡ βρίζων ἅμα.

ORESTE.

[*Il s'arrête, & se tourne vers Pylade.*]

Pylade, que ferai-je? je ne puis tuer
ma mere (*a*).

(*a*). Il me semble que ceux qui se récrient si
fort sur l'atrocité du meurtre de Clytemnestre,
& qui accusent Eschyle de n'avoir pas connu la
nature, parce qu'il fait commettre à Oreste cet
horrible crime de sang froid & avec réflexion,
n'ont pas fait assez d'attention à ce qu'il lui fait
dire ici, & à la réponse de Pylade. Cette seule
suspension montre qu'il a senti, tout aussi bien
que les Poëtes modernes, qu'un fils ne pouvoit
pas tuer sa mere sans remords. Mais il savoit aussi
que chez les Grecs de son temps tout cédoit à la
religion ; qu'aussitôt que l'Oracle avoit parlé,
ces hommes religieux & passionnés ne suivoient
que l'ordre du Ciel : & voilà pourquoi Pylade n'a
pas plutôt rappellé l'Oracle, & les sermens d'O-
reste, que la nature se tait. Je trouve même qu'il
y a une adresse singuliere à n'avoir fait parler
ce personnage que dans cet instant : il semble que
ce soit un arrêt que le Ciel prononce par sa bouche ; qu'un pouvoir souverain délie sa langue en-
chaînée jusqu'alors, & qu'elle devient l'organe de
le volonté de Dieu. Toutefois, je demande ici
qu'on ne m'impute pas ce que je ne veux pas dire.
Je ne dis point que l'action d'Oreste ne me fasse
point horreur ; je frémis autant que personne d'un
parricide. Mais je prétends qu'Eschyle n'a point
méconnu la nature ; c'est nous qui méconnoissons
à quel point la religion chez les Grecs, l'empor-
toit sur la nature.

G ij

P Y L A D E.

Que deviennent les oracles d'Apollon ?
où font vos fermens ? Plus que tout, re-
doutez la colere des Dieux (a).

O R E S T E [*après une paufe.*]

..... Tu l'emportes, & tes confeils
font juftes..... [*à Clytemneftre, en l'en-
traînant*] Suivez-moi, c'eft auprès de
lui, [*montrant le côté, derriere le Théâtre,
où on doit fuppofer qu'il a tué Egifthe*]
que vous devez tomber. Pendant fa vie
vous l'avez préféré à mon pere ; allez le
rejoindre après fa mort ; puifqu'il fut
l'époux que vous chériffiez, & que vous
haïffiez celui que vous deviez chérir (b).

C L Y T E M N E S T R E.

J'ai nourri ton enfance, épargne ma
vieilleffe.

(a) On reconnoît quelque chofe de cette réponfe de Pylade, dans ces vers françois :

Prends garde, cher Orefte, à ne point t'égarer
Au fentier qu'un Dieu même a daigné te montrer.
Prends garde à tes fermens, à cet ordre fuprême.

Volt. Orefte, act. 3, fc. 2.

(b) Premier Traducteur : *C'eft le prix de l'adultere & de l'affaffinat.* Je ne fais fi ma verfion ne
faifoit pas mieux reconnoître le fens du texte au
vers 906, ἐπεὶ φιλεῖς τὸν ἄνδρα τῦτον, ὃν δ᾽ ἐχρῆν φιλεῖν
στυγεῖς.

ORESTE.

Vous avez tué mon pere, pourrois-je habiter avec vous?

CLYTEMNESTRE.

C'eſt le deſtin, mon fils, qui a tout fait.

ORESTE.

Et c'eſt le deſtin qui vous envoie aujourd'hui la mort.

CLYTEMNESTRE.

Mon fils, ne crains-tu point les imprécations d'une mere?

ORESTE.

Vous, ma mere? vous, qui m'abandonnâtes aux rigueurs du fort!

CLYTEMNESTRE.

Je t'avois envoyé chez des hôtes fidéles.

ORESTE.

Vous m'aviez honteuſement vendu (a),

(a) Premier Traducteur : *C'étoit me vendre deux fois.* J'avois cru qu'il ne falloit point s'en tenir à la verſion latine qui rend le mot διχῶς, du v. 915, par le mot *dupliciter.* Comme il eſt impoſſible d'entendre quelles étoient ces deux fois qu'elle l'avoit vendu, j'avois penſé que διχῶς devoit être pris dans un ſens indéfini, & comme on diroit en françois, *c'étoit plus que me vendre.*

moi, fils du plus libre & du plus noble des peres (a).

CLYTEMNESTRE.

Et quel est donc le prix que j'en ai reçu ?

ORESTE.

Le prix ! je rougirois de le dire (b).

CLYTEMNESTRE.

Reproche donc aussi à ton pere ses infâmes amours.

ORESTE.

Vous, qui étiez restée dans votre palais, n'accusez pas celui qui combattoit loin de vous.

CLYTEMNESTRE.

Mon fils, il est horrible pour une femme d'être séparée de son époux.

ORESTE.

Mais l'époux absent ne travaille que pour elle.

CLYTEMNESTRE.

Mon fils, tu veux donc tuer ta mere ?

(a) Le premier Traducteur a omis cette partie du vers 915, ὧν ἐλευθέρα πατρός.

(b) Il entend par-là ses amours avec Egisthe, à qui il veut dire qu'elle l'avoit sacrifiée.

ORESTE.

C'eſt vous , & non pas moi, qui avez
dicté l'arrêt.

CLYTEMNESTRE.

Songes-y bien ; crains les chiens dévorans , les Furies qui naîtront de mon
ſang.

ORESTE.

Et comment échapperois-je à celles qui
vengeroient mon pere oublié ?

CLYTEMNESTRE.

C'eſt en vain que mes larmes t'implo-
rent au bord de mon tombeau.

ORESTE.

Le ſort de mon pere a décidé du
vôtre.

CLYTEMNESTRE.

Hélas ! c'eſt moi qui ai engendré &
nourri ce ſerpent ! ſonge effróyable, vous
êtes bien accompli !

ORESTE.

Vous avez tué celui que vous ne deviez pas tuer , mourez par qui vous ne
deviez pas mourir.

[*Il entraîne Clytemneſtre hors du Théâtre.*]

✳

G iv

SCENE VI.

LE CHŒUR.

Je les plains l'un & l'autre; mais, enfin, puifqu'Orefte fut malheureufement contraint de répandre tant de fang, puiffions-nous du moins ne pas voir périr fans reffource l'unique efpoir de cette famille !

Le temps a bien vengé Priam & fes fujets. Deux lions affamés, deux lions fanguinaires, font entrés dans la maifon d'Agamemnon. Ce fils, que le Dieu de Delphes lui-même a ramené de fon exil, a comblé fa vengeance. Envoyé par l'ordre du Ciel, qu'il triomphe dans fon palais, puifqu'il a trouvé le terme de fes peines, puifqu'il rentre dans fes biens qu'avoient ufurpés deux facriléges ufurpateurs (a).

Celui qui avoit vaincu par la fraude, a été puni par la rufe. La fille de Jupiter vient d'armer (b) fon bras redoutable ;

(a) Cet endroit eft finguliérement obfcur. J'ai été forcé d'embraffer le fens que le Scholiafte indique dans fa note fur le mot τριβάς, du vers 943.

(b) Tous les Interprêtes fe font réunis pour adopter le changement que Stanley propofe au vers 948, de μάχῃ χερός, en μαχαίρας.

c'eft avec raifon que les Mortels la nomment la Juftice (a). Son fouffle vengeur a renverfé fes ennemis : elle vient enfin de punir la perfide qui l'avoit outragée. Ainfi, fidèle en fes oracles, le Dieu qui fur le Parnaffe habite l'antre profond du centre de la terre, a tout conduit (b).

(a) Le premier Traducteur a omis les vers 949, 950 & 951,

δίκαν δὲ νιν

Προσαγορεύομεν

Βροτοὶ τυχόντες καλῶς.

dont j'avois fait la traduction exacte.

(b) Pour tirer le fens que préfentoit ma verfion, voici comme j'avois imaginé de lire & de ponctuer les vers 952, 953, 954, 955 & 956.

Τάπερ ὁ Λοξίας ὁ Παρνάσσιος,

Μέγαν ἔχων μυχὸν χθονὸς ἐπ᾿ ὄχθῳ,

Ἄξεν ἀδόλως· δολίαν

Βλαπτομέναν ἐν χρόνοις

Τίσασ᾿ ἐποίχεται.

Il n'y avoit d'autre changement au texte que celui du point qui s'y voit après ἄξεν, que je plaçois après ἀδόλως, & celui de θεῖσαν que je changeois, non pas en τίσας au nominatif mafculin, comme le propofe Stanley, [qui convient avec tous les autres Interprêtes, qu'il faut abfolument changer ce mot θεῖσαν] mais en τίσασ᾿ au nominatif féminin ; parce que je rapportois cela à la

Une éternelle loi défend aux Dieux de protéger les coupables (*a*). Adorons les céleſtes decrets.

[*Oreſte entre en ce moment ; les portes du palais ſont ouvertes ; on voit dans l'éloignement les corps d'Egiſthe & de Clytemneſtre. On apporte en même-temps la robe dans laquelle Agamemnon s'étoit trouvé enveloppé lorſqu'il avoit été aſſaſſiné au ſortir du bain.*]

juſtice, & je ſuppoſois que le commencement de ce paſſage étoit une parentheſe, ce qui me permettoit de le rendre ainſi mot à mot en latin : [*quæ quidem duxit ſine fraude Loxias Parnaſſius magnum habitans terræ receſſum in monte*] *perfidam* [c'eſt-à-dire, *Clytemneſtram*] *tandem læſam ulciſcens perſequitur.* Et tel eſt le ſens que préſentoit ma verſion françoiſe, en mettant ſeulement la parentheſe à la fin. Il faut encore obſerver que le mot ὄχθει, qui ſe lit dans le texte, eſt inconteſtablement une faute, & qu'il faut lire ὄχθῳ. De plus, la verſion latine le traduit mal par les mots *in margine*, c'eſt *in tumulo, in colle* : c'eſt une obſervation dans laquelle je ſuis appuyé par la note du ſavant Oudendorp, ſur le mot ὄχθη, à la page 667 des Eclog. de Thom. Mag. édit. de 1757.

(*a*) Premier Traducteur : *Jupiter ne protége point les méchans.* Ma verſion n'exprimoit-elle pas mieux ce que dit le texte mot à mot ? *La Divinité eſt en quelque façon ſoumiſe à ne point ſeconder les méchans.* κρατεῖταί πως τὸ θεῖον παρὰ τὸ μὴ ὑπεργεῖν κακοῖς.

ACTE V.

SCENE PREMIERE (a).

LE CHŒUR, ORESTE, ÉLECTRE, PYLADE, ARGIENS.

LE CHŒUR.

(b) ENFIN, nous voyons luire un plus beau jour ; nous sommes délivrées d'un joug de fer. Longtemps nous avons craint ici que vous ne puissiez jamais triompher de l'infortune ; mais enfin cette maison changera de face , lorsque par des sacrifices expiatoires vous aurez purifié ce

---

(a) Je crois que cette maniere de couper les Scenes, différente de celle qu'on a adoptée jusqu'ici , jette quelque clarté sur ce que dit le Chœur.

(b) Cet endroit est absolument abandonné de tous les Interprètes. J'ai été obligé d'adopter tous les changemens proposés par Stanley ; & de plus je me suis permis de changer l'accent qui se lit sur le mot παρά, au vers 961, afin de lire πάρα, adest tempus. Tout le reste est plutôt deviné que traduit.

foyer de tous les crimes dont il fut souil-
lé. La Fortune plus favorable écoutera
nos vœux ; les deſtins de cette famille
feront plus heureux ; enfin, nous voyons
luire un plus beau jour.

O R E S T E .

[*Il montre les deux corps.*]

Regardez les deux tyrans d'Argos, les
aſſaſſins de mon pere , les raviſſeurs de
mon héritage. Vous les avez vus s'aſſeoir
inſolemment ſur le trône ; ſans doute ,
s'il leur reſte encore quelque ſentiment ,
ils s'aiment encore , & ſont fidéles à leurs
ſermens (a). Et vous, [*au Chœur & au*
Peuple] qui en avez ſi ſouvent entendu
parler , voyez ce piége qu'ils avoient pré-
paré pour mon pere infortuné , dans lequel tous ſes membres furent enchaînés.
[*à des Eſclaves , qui portent la robe dont*
il parle.] Etendez & montrez à tous ce
fatal vêtement. Que cet ouvrage impie

(a) Premier Traducteur : *Et ils s'aiment encore ,*
s'il en faut croire leurs ſermens. Ma verſion n'exprimoit-elle pas mieux le ſens du texte ? qui dit mot
à mot , vers 976 : *Et ils s'aiment encore , autant*
qu'il eſt poſſible de conjecturer de leurs ſentimens , &
leur ſerment eſt rempli.

Φίλοι τε ϰỳ νῦν, ὡς ἐπεικάσαι πάθη
Πάρεστιν, ὅρϰος τ᾽ ἐμμένει πιστώμασι.

eft de furprendre & de dépouiller les étrangers. Avec une telle rufe, il pourroit entaffer les morts, & accumuler fes crimes (*a*). Grands Dieux, que jamais

(*a*) Premier Traducteur : *Mortels parjures, mortels à qui la mifere & l'avidité fait tout entreprendre, vous qui paffez vos jours dans le meurtre & dans le crime, puiffiez-vous être affociés à une femme de ce caractere.* Je croirois que ma verfion préfentoit mieux le fens du texte, qui dit mot à mot : *Tel en ait un voleur qui trompe les étrangers, & qui vit dans l'indigence ; & que par une telle rufe commettant bien des affaffinats, il projette bien des crimes en fon cœur !*

Τοιȣ̃τον ἀν κτήσαιτο φιλήτης ἀνὴρ,
Ξένων ἀπαιόλημα, κἀργυροϛερῆ
Βίον νομίζων · τῷ δέ τ' ἀν δ'ολώματι
Πολλȣ̀ς ἀναιρῶν, πολλὰ θερμαίνοι φρενί.

Je ne vois pas même qu'il foit poffible de trouver rien dans ces vers qui favorife le fens du premier Traducteur. Il eft bien vrai que la verfion latine pourroit y rentrer en quelque façon, parce qu'elle a rendu le mot τοιȣ̃τον par *talem*, & qu'après *talem* on pourroit fous-entendre *conjugem* ; mais le mot grec τοιȣ̃τον étant mafculin ne peut fignifier *talem conjugem*, il faut néceffairement qu'il fe rapporte à quelqu'une des chofes dont il vient de parler ; & ce ne peut être qu'aux mots ποδ'ιϛῆρας πέπλȣς, par un changement de nombre affez commun aux Poëtes grecs ; ou plus naturellement à δ'ικτυον, fi on aimoit mieux lire comme

une telle époufe n'entre dans ma maifon !
mourons plutôt fans poftérité !

Le Chœur.

[*Il confidere les deux corps.*]

Ah ! déplorable fpectacle..... [*Il regarde particuliérement le corps de Clytemneftre*] Cette mort eft horrible..... [*Il
voit Orefte qui les yeux fixés fur le corps
de fa mere commence à fe troubler*] Plus
il s'arrête à la confidérer , plus fa douleur
augmente (*a*).

Oreste.

(*b*) A-t-elle commis le crime, ou fut-
elle innocente ? Cette robe dépofe contre

---

dans l'édition de Robortel τοῖτο μὰν , au lieu de
τοῖτον ; ce qui pourroit donner encore la nouvelle
conftruction de τοῖτο μὰν ξένων ἀπαιόλημα , *talem
hofpitum deceptionem* , c'eft-à-dire , *tale inventum
ad decipiendos hofpites*. Conftruction que je croirois volontiers être la véritable , plutôt que d'appeller le voleur ξένων ἀπαιόλημα. Mais l'une &
l'autre rentrent également dans le fens que ma
verfion préfentoit.

(*a*) Les différentes pofitions dans lefquelles je
fuppofe le Chœur, & que les autres Interprêtes
n'ont point imaginées, paroiffent donner une explication très-naturelle des vers 1007, 1008 & 1009.

(*b*) J'avois attribué à Orefte tout ce que les
éditions attribuent au Chœur depuis le vers 1010,
jufqu'au vers 1017, ce que le premier Traducteur
a fait également.

elle,

elle, cette robe que le poignard d'Egifthe a teinte de fang. Le temps n'en a pu effacer les traces, & l'on voit encore les taches. Tantôt, à la vue de ce tiffu fatal à mon pere, je me glorifie de ce que j'ai fait; tantôt je ne puis retenir mes larmes. Son crime, fa punition, cette fuite de malheurs, tout m'accable de douleur.... Ma victoire eft affreufe, & mes mains ne font plus innocentes.

Le Chœur.

[*Il voit le trouble d'Orefte qui s'augmente peu-à-peu.*]

Nul parmi les mortels ne devient criminel impunément. Les uns font punis à l'inftant, les autres plus tard.

Oreste.

Quoi qu'il en foit, je fais le fort qui m'attend. Tels que des chevaux fougueux qui s'emportent hors de la carriere, mes fens troublés, dont je ne fuis plus le maître, m'emportent loin de moi-même (a). Mon cœur foupire de crainte, & palpite de rage. Tandis que je me poffede encore, cheres amies, je vous prends à témoins, que c'eft avec juftice que j'ai tué une mere fouillée du fang de mon pere,

(a) J'ai fuivi la façon dont Paw propofe de ponctuer les vers 1021, 1022 & 1023.

objet de la haine des Dieux. J'attefte que le Dieu de Delphes m'a feul enhardi. Ses Oracles m'ont promis que cette action ne pourroit être regardée comme un crime. Si je ne l'euffe pas faite, il m'annonçoit des punitions que je ne puis décrire, & qu'on ne fauroit concevoir. Je vais donc avec cette couronne & ce rameau, je vais dans le fanctuaire qu'il habite au centre de la terre, où brûle une flamme incorruptible. C'eft-là qu'il m'a dit que j'expierois mon parricide, & il m'a défendu d'embraffer d'autres autels. Qu'un jour les Argiens foient témoins fi j'ai mérité ces maux (a). Je vais vivre errant, vagabond, exilé loin de cette

(a) Premier Traducteur : *Soyez témoins, Argiens, que j'ai terminé vos maux.* En fuivant l'avis de Stanlei qui propofe, au vers 1041, de lire πῶς au lieu de λεὼς, on trouve mot à mot dans le texte : *Je prie les Argiens de témoigner en ma faveur, lorfqu'il en fera temps pour moi, comment ces [ou mes] maux font arrivés.*

Τὰ δ' ἐν χρόνῳ μοι πάντας Ἀργείως λέγω
Καὶ μαρτυρεῖν μοι πῶς ἐπορσύνθη κακά.

Je vois que le premier Traducteur a adopté la verfion latine qui a rendu ἐπορσύνθη κακά par ces mots *effugit mala* ; mais je croyois que c'étoit une faute, & que ces mots ne pouvoient fignifier que *acta, confecta, inftructa funt mala.*

terre, & voilà l'odieux renom que je laifferai en mourant (a).

LE CHŒUR (b).

Votre vengeance fut légitime. Ne vous accufez pas vous-même ; ne préfagez point tant de malheurs. Vous avez délivré toute la ville d'Argos, & c'eft juftement que vous avez étouffé ces deux monf-tres (c).

(a) Premier Traducteur : *Errant, exilé, & ma vie & ma mort attefteront la vérité des Oracles.* Ce fens eft, à la vérité, celui que préfente la verfion latine ; mais j'avois cru qu'elle faifoit une grande faute en traduifant les mots τάςδε κλνδ'όνας λιπών, du vers 1043, par ceux-ci, *hæc oracula linquens,* & je penfois que ces mots ne devoient être rendus que par ceux-ci : *Hafce appellationes, vocationes, hancce famam linquens.* On peut trou-ver quelque reffemblance entre cet endroit d'Ef-chyle & ces vers françois :

Banni du monde entier par celui [*le meurtre*] de ma
mere,

Patrie, états, parens, que je remplis d'effroi ;
Innocence, amitié, tout eft perdu pour moi.
Volt. Orefte, act. 5, fc. 9.

(b) J'ai adopté l'idée du Commentateur Anglois, qui attribue au Chœur les vers 1044, 1045, 1046 & 1047.

(c) Le premier Traducteur a laiffé ces quatre vers dans la bouche d'Orefte, comme font les édi-tions grecques, & les traduit ainfi : *Mais qu'on*

ORESTE, [*Il devient furieux.*]

Ah! cheres amies!... je les vois femblables aux Gorgones.... ces noirs vêtemens.... des ferpens fans nombre les en-
tourent..... je ne puis demeurer davantage.

LE CHŒUR.

Quels vains fantômes vous troublent
& vous agitent ? vous n'avez fait que

épargne ma mémoire , qu'on ne me faffe point de
honteux reproches , & qu'on ne calomnie pas une
action jufte , &c. Il eft vrai qu'on pourroit abfolument trouver la fubftance de ce fens dans le
texte ; mais la façon dont Hefychius interprête
les mots μηδ᾿ ἐπιΓλωσσῶ κακά , qu'il explique d'a-
près Efchyle lui-même par μηδ᾿ ἐποιωνίζυ δ᾿ιά γλώτ-
της , *ne ominare mala* , prouve invinciblement,
felon moi , que cela eft dit à Orefte par le
Chœur ; car c'eft Orefte qui vient de prévoir &
de préfager les maux qu'il doit fouffrir. Je tra-
duis donc mot à mot : *Mais vous avez bien fait ;*
que votre bouche ne fe joigne point à la maligne re-
nommée , & ne préfagez point des maux , ayant
délivré , &c. ἀλλ εὖ τ᾿ ἐπραξας [car je lis ainfi
d'après le Commentateur Anglois , au lieu de εὖτε
πράξας , quoique cette derniere leçon ne dérange
rien à mon fens , puifqu'elle peut être prife pour
un nominatif abfolu , *cum benè feceris*] μηδ᾿ ἐπι-
ζευχθῆ στόμα φήμα πονηρᾷ , [car indubitablement
l'ι qui fe voit dans le texte à la fin des mots
φήματ πονηραί , doit être un ι foufcrit fous les mots
φήμα πονηρᾷ] μηδ᾿ ἐπλιΓωσσῶ κακά , &c.

venger un pere (a). Après votre victoire ne fuccombez pas à la crainte.

ORESTE.

Ce ne font pas de vains fantômes ; ce font réellement des chiens dévorans, des Furies qui vengent une mere.

LE CHŒUR.

Vos mains fument encore de fang. Voilà la caufe de votre trouble.

ORESTE.

Puiffant Apollon !..... leur foule augmente.... le fang diftille de leurs yeux !

LE CHŒUR.

Il eft des expiations ; allez implorer Apollon, il vous délivrera de vos maux.

ORESTE.

Vous ne les voyez pas ces Furies..... mais moi je les vois..... elles me pour-

(a) Premier Traducteur : *Prince fi cher à votre pere.* Les mots du vers 1052 , φίλτατ' ἀνθρώπων πατρί , peuvent fignifier également : *Le plus cher des hommes à votre pere* , & , *celui des hommes qui avez le plus chéri votre pere.* J'avois préféré le fecond fens, dont ma traduction préfentoit la fubftance ; parce qu'il me fembloit que le Chœur lui dit cela, pour lui perfuader que n'ayant fait que ce qu'il devoit pour venger fon pere , il n'a rien à craindre.

fuivent; je ne puis foutenir leur approche.

[*Il fort.*]

LE CHŒUR.

Puiffiez-vous être heureux, & qu'un Dieu bienfaifant daigne veiller fur vous!

SCENE SECONDE
ET DERNIERE.

LE CHŒUR.

TROIS fois les plus terribles orages ont été près de renverfer ce palais. Nous avons vu le déplorable deftin de Thyefte, qui dévora lui-même (*a*) fes enfans. Nous avons vu le plus grand des rois, le chef de la Grèce, indignement maffacré dans un bain. Que dirons-nous du Prince qui nous quitte? nous a-t-il fauvés? ou bien a-t-il comblé nos maux? quand verrons-nous finir cette fuite horrible de meurtres & de vengeances?

(*a*) Au vers 1068 j'ai lu παιδ'ὀβοροι, au lieu de παιδ'ὀμοροι, qui ne préfente aucun fens.

F I N.

De l'Imprimerie de P. Al. LE PRIEUR,
Imprimeur du Roi.

www.ingramcontent.com/pod-product-compliance
Lightning Source LLC
Chambersburg PA
CBHW060147100426
42744CB00007B/928